빨랫줄 저편

빨랫줄 저편

제20회 수주문학상 기념 수상 작품집

삶창

서문

수주문학상 20주년을 맞이하여

익히 알려져 있다시피 '수주樹州'는 시인 변영로卞榮魯 선생의 호입니다. 선생께서는 서울 종로구 가회동에서 출생하셨으나, 경기도 부천에서 성장하셨습니다. 수주가 부천의 옛 이름이라는 사실을 떠올린다면, 부천에 대한 선생의 애정을 능히 짐작할 수 있을 터입니다. 이러한 연고로 부천시에서는 지난 1999년 수주문학상을 제정하였습니다. 이후 매년 한 발자국 한 발자국 꾸준히 걸음을 내디뎌 수주문학상이 이제, 20주년을 맞이하게 된 것입니다.

변영로 선생은 「논개」의 시인으로 널리 알려져 있습니다. 교과서를 통해 배웠던 것처럼, 이 시는 선생의 민족의식이 표출된 시이지요. 기실 선생은 삶 속에서도 그러한 정신을 실천하셨습니다. 1919년 독립선언서를 영문으로 번역하여 여러 나라에 알렸다가 107일 동안 옥고를 치르신 사건은 하나의 예시가 될 수 있을 것입니다. 선생께서는 해방되는 그날까지 순정한 그 마음을 올곧게 지켜내셨습니다. 그리하여 친일문학 연구의 대가 임종국 평론가로부터 상찬을 받기도 했습니다. 선생을 기리는 문학상의 의미는 이로써 더욱 빛을 발하게 되리라 생각하게 됩니다.

『빨랫줄 저편』을 발간하면서 수준문학상 운영과 관련하여 최근의 변화를 간략히 소개할 필요가 있을 듯합니다. 수주문학상은 지난해까지 부천 지역 문인들 중심으로 '수주문학상 운영위원회'를 구성하여 운영해왔습니다. 수상작은 매해 『수주문학』에 게재해왔고, 10주년을 맞이한 2008년에는 1회부터 10회까지의 수상작을 특집 형식으로 묶어 정리하기도 하였습니다. 이 기회를 빌려 그동안 수주문학상이 꾸준히 이어지면서 발전할 수 있도록 물심양면 애를 써주셨던 역대 운영위원회의 위원들께 고생하셨다는 인사를 전합니다.

이번 20주년을 맞이하면서 생긴 근본적인 변화는 주관이 부천문화재단과 '수주문학제 운영위원회'로 바뀌었다는 사실입니다. 부천문화재단에서는 먼저 행사의 내용과 규모를 키우기 위하여 '수주문학상'을 '수주문학제'로 확대하였습니다. 그리고 이를 원만하게 실행하기 위하여 '수주문학제 운영위원회'를 구성하였습니다. 다른 문학상·문학제의 다양한 사례를 조언할 수 있는 문인들이라든가, 문화기획자를 운영위원으로 영입하고자 노력한 것은 그 때문입니다. 또한 각종 문예지에서 활발하게 활동하는 운영위원들을 통하여 수주문학상의 위상을 끌어올리는 한편, 홍보 효과를 기대하기도 하였습니다. 『빨랫줄 저편』은 지난 수주문학상의 역사를 정리하는 동시에 이로부터 한 단계 도약해보겠다는 의지의 산물이라 할 수 있겠습니다.

2017년 부천시는 유네스코 문학창의도시로 선정되었습니다. 이제 부천시는 유네스코 문학창의도시에 들어맞는 내실을 착실히 다져나갈 터이며, 수주문학상은 이를 진행하는 과정에 중요한 역할을 담당하게 될 것으로 예상됩니다. 모쪼록 『빨랫줄 저편』 발간이 그 길로 나아가는 출발점이 될 수 있기를 기원해봅니다. 그리고 바로 그 지점에서 「빨랫줄 저편」이란 훌륭한 시로 수상의 영광을 차지하신 장정욱 시인께 축하의 말씀 전합니다.

홍기돈 수주문학제 운영위원장

수주문학제 운영위원회

운영위원장 홍기돈(문학평론가, 가톨릭대학교 교수)

운영위원 김소연(시인), 김수이(문학평론가, 경희대학교 교수), 김정수(시인, 한국시인협회 사무총장), 배윤수(부천문화재단 문화예술본부장), 손택수(시인), 엄경희(문학평론가, 숭실대학교 교수), 이채관(문화기획자, 와우북문화예술센터 대표), 하재연(시인)

목차

빨랫줄 저편

제20회 수주문학상 기념 수상 작품집

3부 기수상자 자선시

1부

제20회 수주문학상 수상작

수상자 장정욱

빨랫줄 저편

따뜻한 책을 펼칠 때

한 문장이 끝났다

이글루

수평선의 사람들

제20회 수주문학상 수상작

빨랫줄 저편 외 4편

장정욱

질긴 죄목이었다

젖은 아이를 안고
무지개가 이어진 계단을 올랐다

아이의 입이 지워졌다

울음을 모르는 입에서
뚝뚝

이승의 끝과 끝이
파르르 떨렸다

환청의 기저귀를 채우고
빈 젖을 물리고

젖지 않는 오줌
아물지 않는 배꼽

무지개가 늘어지지 않도록
바지랑대를 세워
높이
아이를 널었다

따뜻한 책을 펼칠 때

어떤 문장은 발을 올려놓는 순간 꽃이 활짝 피었을 것이고
어떤 문장은 깊숙한 서랍 속 감정처럼 깜깜해졌을 것이다

페이지의 글자들은 가지런했지만
고양이 털은 실 가닥처럼 둥글게 뒤엉켜 있었다

당신의 체온은 몇 도쯤일까
오후를 베고 누워
길고 긴 적막을 넘기고 있을 때

입김 하나가 당신의 무릎 한 갈피에서 머뭇거렸다

책의 한 페이지에는 나의 수염과 당신의 무릎이 기록되고 있었다

한 줄의 인연을 읽어내기 위해
우리는 서로의 체온에서 멀어지지 않았다

한 문장이 끝났다

하루살이가 무리를 지어 지나간 뒤
여뀌는 물소리 끝에서 흔들렸다

저녁이 미열을 앓으며 어둠에 앉아 있다
나는 손끝에 남은 물방울의 구절을 기억하려 애썼다

뒤가 보이면 앞이 흐려지는 물방울 속 이름

수첩을 펼치다 말고
나무 의자는
아침이 오면 어디로 걸어갈지 생각 중이다

잎사귀들의 붉은 이마를 만져주는 건
영혼들의 색 바랜 손길

우두커니 물결에 젖을 뿐 구름은 흘러가지 않았다
먼 곳의 물방울들은 지금쯤 당신의 눈 속에 도착했을까

낮 혼령들의 발자국을 지우며
눈이 어두운 안개가 다가오고 있다

이글루

차가운 정원이 바닥에 스며들었다

영혼을 뺏긴 채로
달려오는 짐승,
들숨과 날숨 사이 누가 칼을 꽂아놓았을까

반쯤 녹은 가죽을 뒤집어쓰고
심장이 있던 자리에 귀를 대본다

바람에 무뎌진 발톱
성대를 잃어버린 파도

온도가 지워진 방 안에 웅크리고 있으면
벽 틈으로 환청이 몰려들었다

옆구리를 관통하는 얼음 화살은
오로라보다 깊게 휘어져 들어왔다

얼음벽 뒤로 지나가는 상여 한 채

몇 개의 곡소리가 발자국으로 남았다

푸른 혀 위에 얼음 한 알을 올려놓고
우리는 끝나지 않은 백야를 달래고 있다

수평선의 사람들

석양이 황홀해질 때면
기차역 사람들은 저도 모르게 주머니를 뒤졌다

쓸쓸한 부레가 만져졌지만
아직은 그곳으로 떠날 수 없었다

발이 부르트도록
부레를 채울 울음소리를 얻으러 다닐 때면
어떤 이는 한쪽 지느러미를
어떤 이는 지갑 속 꼬깃꼬깃해진 비늘을 조금 꺼내줄 뿐이었다

기차가 기적 소리를 내며 재촉했지만
안개로 만들어진 사람들은
더 큰 물고기를 잡으려 그 자리를 떠나지 않고 있었다

그리움이 무릎까지 차오를 때
석양에 이끌려
푸른 눈망울로 헤엄치는 아이들

풍경을 구걸하던 모든 이름들은 이미 수평선 끝에 도달해 있었다

물결 레일 위 비린 기차도
꼬리지느러미를 흔들며 달의 인력 속으로 사라져갔다

올곧은 정신을

엄마가 싸준 보따리를 들고 어린 걸음은 기찻길을 걷습니다. 긴 철로엔 침목들이 똑같은 간격으로 박혀 있지만 보폭은 그보다 작고 겹이 나 있습니다.

시를 쓰는 일이 그랬습니다.

긴 철로를 걸으며 나보다 무거운 시를 들고 나는 매일 심부름을 가고 있었습니다.

수상 소식은 우연처럼 기차가 지나갈 때 들려왔습니다.

잠깐씩 전화기 속 목소리가 끊겨져 들려왔지만

내 가슴은 이미 뛰고 있었습니다.

시의 길은 있었구나.

마음의 길도 거기로 향해 있었구나.

산소에 가져갈 꽃을 삽니다. 수국꽃 같았던 아버지, 기쁘시죠?

송영례 여사님, 김영한 여사님 늘 건강하셨으면 좋겠습니다.

남편과 두 아들, 언제나 고맙습니다.

앞에서 끌어주고 뒤에서 밀어주며 늘 격려가 되어준 '안양시학' 동인들께도 감사드립니다.

그리고 《시로 여는 세상》 식구들의 축하와 격려, 오래도록 마음에 간직하겠습니다.

인천에서 태어나고 자랐기에 수주문학상은 저에게 오래도록 애착을 갖게 했습니다. 모자란 제 글을 선해주신 조은, 이영광 선생님께 머리 숙여 감사드립니다. 수주문학상의 올곧은 정신을 마음에 새기며 언제나 좋은 시를 쓰도록 노력하겠습니다.

— 장정욱 제20회 수주문학상 수상자

개성적인 감각이

예심을 거쳐 올라온 시들 중에는 참신한 시각과 인식이 돋보이는 작품이 많았다. 그러한 시들이 최종적으로 선택될 수 없었던 것은, 시적 발상을 끝까지 탄력 있게 끌고 나가는 힘이 부족했다는 점을 언급할 수 있겠다.

「한차례」, 「서리태 콩」, 「울렁거리는 나선」을 쓴 응모자는 관념을 구체적으로 이미지화하는 데 뛰어났고, 위트도 있었다. 그러나 「한차례」의 경우, 반짝이는 1, 2, 3연에 비해 후반으로 갈수록 긴장이 흐트러졌고, 그것은 시가 설명적이 되거나 상투성을 드러내는 결과로 이어졌다. 「울렁거리는 나선」은 시적 형상화가 뛰어났으나, "잘못 그린 나선"의 상징이 약한 점이 아쉬웠다. 「망치질하는 사람」의 응모자에게서도 여러모로 시인의 자질을 느낄 수 있었으나, 평이한 주장이나 상투적 전개가 종종 눈에 띄었다. 이 밖에도 「처방전」, 「아버지와 탁주」, 「나사를 위한 협주곡」 외 다수의 응모작이 시선을 끌었으나, 전체 응모작의 완성도를 통해 평균적인 작품성을 고려하지 않을 수 없었다.

그런 점에서 당선작인 「빨랫줄 저편」을 쓴 응모자는 투고한 시들이 가장 고른 수준을 보였으며, 완성도 역시 높았다. 특히

돈 보 여

「빨랫줄 저편」은 우리 민족에게 아물지 않을 상처로 남은 세월호 참사를 연상시키기도 하는데, 시를 쓴 사람의 개성적인 감각에 상상력이 더해져 짧지만 울림이 크다. 그러나 "환청의 기저귀", "젖지 않는 오줌"처럼 시의 맛을 감소시키는 표현을 덜어내거나 구체화하지 않은 점은 아쉽다.

시란 온갖 욕망이 난무하는 거친 세상에서 외부의 힘에 휘둘리지 않고 자신만의 중심축을 견지하며 차분하게 살아가려는 사람들이 선택하는 언술 형태이다. 그처럼 가련(!)하나 당당하고 짜릿한 세계에 한 발 더 들어온 당선자에게 축하의 마음을 전한다!

— 조은 시인

절실한 상처의

본심에 오른 서른아홉 분의 응모작들을 심의하여, 제20회 수주문학상의 수상자를 가리는 것이 선자들의 소임이었다. 서정성 짙은 가편佳篇들이 주를 이룬 가운데 실험을 앞세운 역작들 또한 적지 않아서, 심사는 즐겁지만 고심 어린 작업이 되었다. 필요 이상으로 분량이 많아 산만해진 작품군, 묘사와 상상의 적절한 균형을 기하지 못한 경우들, 너무 낡았거나 너무 기발한 것에 관심이 치우쳐 작시作詩의 의의를 찾기 어려운 사례들을 검토하는 가운데 다섯 분의 작품이 마지막으로 손에 남았다. 이들을 놓고 숙의를 거듭한 끝에, 「빨랫줄 저편」 외 4편을 응모한 장정욱 시인을 수상자로 결정하였다.

「서리태 콩」 외 4편을 응모하신 분은 자연물을 관찰하고 거기 상념을 섞어 삶의 지혜로 바꾸어낸다. 몇몇 작품들에서 옳은 말을 익숙한 방식으로 거듭 개진하는 무난함이 느껴졌다. 「나사를 위한 협주곡」 외 4편은 흥미진진했다. 노동이 소외를 거쳐 주체의 분열에 이르는 과정을 개성적이고 실험적인 방식으로 천착하고 있다. 이 공모의 안정적이고 정격적인 심사 틀에 개의치 말았으면 한다. 「망치질하는 사람」 외 4편에서 현실과 꿈, 사실과 비사실의 경계를 넘나드는 예민한 감각과 심리의 변동을 조율하는 언어의 힘이 느껴졌다. 여러모로 매력적이었으나, 이분에게 더 어울리는 다른 무대가 있을 것이다. 「동태는 오일장으로 회귀한다」 외 4편은 끈기 있는 언어 세공, 섬세한 의고擬古 취향이 눈길을 끌었다. 기교가 승하고 미문 의식이 지나치다는 느낌을 지우기 어려웠다.

「빨랫줄 저편」 외 4편은 시가 절실한 상처의 기록에서 출발함을 확인시켜주는 사례이다. 내면에 박힌 기억의 파편들을 섬세한 언어 감각과 적절한 비유로 정교하게 들추어낸다. 「빨랫줄 저편」은 빨래 너는 행위와 초혼 의식을 절제된 정념으로 응축해낸 인상적인 작품이다. 시상 전개가 번거롭지 않고 사물과 말의 선택이 빈틈없고 순조롭다. "무지개가 늘어지지 않도록/ 바지랑대를 세워/ 높이/ 아이를 널었다"는 결구는 별 기교 없이도 슬픈 전율을 선사한다. 함께 응모한 작품들에도 고된 연마의 자취가 엿보였다. 수상을 축하드린다.

— 이영광 시인

2부

기수상작

제11회 이사랑 강영숙 강정숙 금미자

제12회 송의철 김대호 박윤근 이명예

제13회 홍순영 류흔 금명희 이예미(이춘희)

제14회 정용화

제15회 심강우

제16회 이병일

제17회 박형권

제18회 하수현

제19회 장유정

제11회 대상

바늘 끝에서 피는 꽃

이사랑

청석골의 단골 수선집 늙은 재봉틀 한 대
아마, 지구 한 바퀴쯤은 돌고도 남았지
네 식구 먹여 살리고 아들딸 대학까지 보내고

세상의 상처란 상처는 모조리 꿰매는 만능 재봉틀
실직으로 떨어진 단추를 달아주고 이별로 찢어진 가슴과 술에 멱살 잡힌 셔츠를
감쪽같이 성형한다

장롱 깊숙이 개켜둔 좀먹은 내 관념도 새롭게 뜯어고치는 재봉틀
작은 것들은 가슴을 덧대어 늘리고
막힌 곳은 물꼬 트듯 터주고 불어난 것들 돌려 막으며
무지개 실로 한 땀 한 땀 땀 구슬을 꿰어 서러움까지 깁고 있다

무더운 여름 낡은 그림자를 감싸 안고 찌르륵 찌르륵
희망은 촘촘 재생시키고 구겨진 자존심은 반듯하게 세워 돌려준다
일감이 쌓일수록 신나는 재봉틀 오늘도 허밍허밍 즐겁다

별별 조각난 별들을 모아 퀼트 하는 밤
바늘 끝에서 노란 달맞이꽃들이 환하게 피어났다

제11회 우수상

무화과나무

강영숙

하늘에 웅크리고 앉아 있는 그 나무의 열매, 한 그루 세월을 붙들고 있다 내 안에서 자라난 그 나무 붉은 피 흐르지 않는다

손바닥 마구 흔들던 잎들 하늘을 뒤덮는다 아이와 나는 막 든 바람 홀연히 빠져나가고 가지마다 싱싱한 눈물 울멍울멍, 꽉 채운 동그라미를 무화과 꽃이라 부른다

혈색이 창백한 혈액종양내과 복도, 웃음 잃은 사람들 차례대로 호명을 기다린다 오래전, 소아병동에서 노란 위액을 토해내던 차트 번호 1137440 어린아이가 스물다섯 청년이 되었다 혈관 불뚝거리는 팔뚝엔 채혈 바늘 마음대로 들락거린다

매연에 질식된 공기와 소통하는 국채보상공원 길을 걷는다 달구벌 대종이 소리를 가둔 채, 제야의 종소리를 준비하고 있다 잎들 뜯긴 나무들 서로를 세차게 껴안는다 봄날을 손꼽아 기다리는 나는 희디흰 핏방울 뚝뚝 떨구는 감옥, 무화과 꽃이다

제11회 우수상

미라

강정숙

발굴자들은 그녀가
임산부였다는 사실에 더 집중했다

유난히 통통한 복부 때문이다
복부를 가르고
몇 겹 표피를 들추자
말라붙은 탯줄과 자궁, 외벽엔
암반같이 굳어버린 핏물이 보인다

가느다란 손으로 배를 감싸고
긴 머리카락 뒤틀린 입술이
반쯤 벌어져 있는 그녀

무엇을 말하고 싶었던 것일까

아이를 낳을래요
머리카락으로 요람을 짜겠어요
사백 년쯤 걸릴 거예요

물기 없는 여자의 내부가
형광등 아래서 환하게 웃고 있다

제11회 우수상

달에 관한 기억

금미자

키가 개나리 덤불만 한 꼬마가 마을회관을 등지고 걷는다. 오르막길 끝 너머쯤에 주인인 듯 버티고 있는 뒷산은 아침나절 멋모르고 뛰어놀던 어느 낯선 이의 무덤이 있고, 주인을 잃은 큰 개가 헐떡이며 쫓아온다. 충혈된 눈처럼, 노을마저 숨어버리면 그런 모든 것들을 덮고 구겨져 있는 검고 눅진한 헌옷더미, 꼬마는 심부름 값이 될지도 모를 거스름돈 200원과 마른오징어, 88담배가 든 검은 봉지를 크게 한번 휘둘러본다. 헌옷 더미가 움찔한 것 같은 느낌이 들 때면 담배 곽을 뜯어 향을 맡아보기도 한다.

굵은 정사각 벽돌로 잇댄 급한 오르막은 짓궂은 소년처럼 종종 발을 걸었다. 혼자 길을 나선 것을 안 계집아이는 당장 일으켜줄 사람이 없음을 안다. 용케도 손에 걸려 있는 꾸러미를 추슬러 다시 뒷산을 본다. 거기엔 파란 털을 하고 고양이보다 따뜻한 눈을 가진 착한 짐승이 웅크리고 앉았다. 습한 바람을 따라 고르르 고르르 숨소리가 흐른다. 그가 살펴주는 길을 따라 백열등 불빛이 새는 틈새로 춤추듯 들어갔다.

개나리 덤불 너머로 쥐색 슬레이트 지붕을 볼 수 있게 된 소녀는 이제 담배 심부름을 하지 않는다. 시간이 지난 언젠가에도 아프게 기억될 것 같았던 날들은 울음 대신 생리통을 알게 되었고, 지금도 여전히 아프다. 파란 털을 한 동물의 눈이었던 달이 아주 먼 곳에, 이곳처럼 동그란 육지임을 알고도 그에 바랐던 소원들은 이루어지지 않았다. 더 추워진 명절 무렵의 달은 바닷가의 모래가 눅눅한 하늘에 젖어 쓸린 것처럼 안타깝기만 하다.

잡아 쥘수록 새어버리는 모래처럼 잃어버린, 잃어버리고 싶지 않았던 하지만 그조차 몰랐던 많은 것들에, 이제 소녀는 시간이라는 단단한 껍질을 핑계로 더 무르게 되어버렸다. 피 묻어나는 무릎을 안고도 누구보다 먼저 일어서야 함을 깨닫는다. 감은 눈꺼풀 안으로 파란 털의 짐승이 손을 핥는 환영이 비집고 들어선다. 자몽 같은 달이 가슴에 올라앉았다. 할머니가 손을 적셔 까주시던 덜 익은 자몽은 시고 떫었는데—오늘, 하늘로 껑충 뛴다. 무릎이 뜨겁다.

가 능 성 이 있 는 내 일 을

예심을 거쳐 본심에 회부된 작품들을 꼼꼼하게 읽었다. 그리고 그중에서 「무화과나무」(강영숙), 「미라」(강정숙), 「바늘 끝에서 피는 꽃」(이사랑), 「한 권의 책」(이경희)을 두고 대상과 우수작을 선정하기로 했다.

「무화과나무」는 산문시다. 다른 투고자들의 산문시들과는 달리 읽히는 장점이 있었다. 운율도 도드라졌다. 그러나 마지막 연에서 긴장을 놓쳐버려 많이 흔들렸다. 앞으로의 가능성을 믿고 우수작으로 선정했다.

「미라」는 발굴된 미라에 대한 섬세한 묘사가 뛰어난 시였다. 미라라는 가볍지 않은 소재에 대한 사유 깊은 시쓰기는 투고한 다른 작품들과 함께 신뢰를 가지게 하였다. 하지만 이 시 역시 시의 마무리에서 너무 쉽게 마침표를 찍어버렸다. 시는 처음부터 끝까지 긴장을 잃지 않고 전속력으로 달리는 백 미터 달리기와 같은 것에 유념해주길 바란다.

「바늘 끝에서 피는 꽃」은 대상작으로도 부족하지 않았다. 투고한 모든 작품에서 오랫동안 시를 써온 저력이 돋보였다. 시에서 익숙함은 힘이 되기도 하고 독이 되기도 한다. 독을 다스리는 변화의 힘을 가진다면 앞으로 좋은 작품을 보여줄 것이라 기대한다.

「한 권의 책」은 책읽기에 대한 뛰어난 시다. 시종일관 긴장을 잃지 않고 있다. 시를 끌고 가는 힘도 좋다. 변별성을 가진 자기

호흡을 가졌기에 더욱 신뢰가 갔다. 심사위원들은 이견 없이 대상작으로 선정했다. 앞으로 유행하는 시를 따라가는 시인이 아니라 자신만의 색깔과 향기를 가진 좋은 시인이 되길 바란다.

수주문학상에 투고된 작품들을 읽으며 두 가지 흐름을 읽었다. 그중 하나는 시를 지나치게 어렵게 쓰고 있는 것이 아닌가 하는 우려다. 시를 쓴 당사자가 아니면 이해할 수 없는 작품들이 많았다. 오랫동안 시를 써온 심사위원을 이해시키지 못하는 시로 어떻게 독자들을 이해시킬지 궁금했다.

또 하나는 시의 산문화 경향이다. 시와 산문은 다르다. 비록 산문의 옷을 입고 있어도 시는 시여야 한다. 시로 읽혀야 한다. 읽히지 않는 산문을 시라고 하기에는 억지스러운 점이 많았다.

심사위원들은 위의 두 가지 흐름에서 벗어난 시적인 시에 높은 점수를 주었음을 밝힌다. 그래서 비록 지금은 부족하지만 가능성이 있는 내일을 가진 예비 시인들에게 수상의 영광이 돌아갔다.

수상자들에게는 축하의 박수를 보낸다.

— 최문자 시인, 정일근 시인

제12회 대상

노을 격포

송의철

물거품 별처럼 이는
노을 궁宮 격포 해변에서
웃는 눈물방울 보네.
저 한 송이 석양화夕陽花 앞에서
떠나온 여인은 소리 지르고
고래등 같은 섬 노을 분만하는
인어는 자장자장 하네.
그때, 모래 젖 물고 칭얼대는
거품들 떠밀어 탁아하고
바다의 풍성함에
연연하는 바람에 사로잡혀
파도의 두상들 금관 쓰고 너울춤 추는데
모여드는 해변엔 반짝이는
거품과 거품뿐이네.
날마다 잉태하고 날마다 분만하는
그 마음
몹시 슬퍼서 웃는 눈물 속으로
연한 연미복 입은 금성이
석양화 꽃마차에 노을 공주를

태워 떠나네. 그리고
눈물방울 속에서 달이 뜨고 마네.
별들은 자장자장 반짝여라.

제12회 우수상

하늘에 별 총총

김대호

길에 피가 묻어 있다
그것은 로드킬 당한 짐승이 마지막으로 내놓은 즐거운 날숨 같은 거
오랜 지병을 앓던 자가 드디어 결심을 한 흔적
피는 길에 착 달라붙어 있다
피 스스로 길을 집요하게 쥐고 있다

세상에 있는 모든 길이 한꺼번에 각혈했을 때
그 압력이 너무 세서 먼 하늘에 가 박혔다
밤이 되면 각혈한 피의 흔적을 볼 수 있다
붉은 피가 너무 영롱하여 반짝인다

길에 묻은 것은 소심한 성격을 가진 피의 잔해
중력을 배반하고 드디어 별이 되지 못한,
소심한 성격 탓에 길을 꽉 쥐고 있는,
짐승의 시간을 살고 있는,
중력에서
원본에서
떨어지라고 바퀴가 짓뭉개도 힘을 빼지 않는다

제12회 우수상

삐비꽃

박윤근

산기슭 중턱에 활자들이 뭉텅 빠져 있다
기우는 오후 두 시의 각도에서 지워졌다
식물도감 빨간 볼펜으로 밑줄 친 그 속이다
손톱 밑으로 공복이 하얗게 말려들던 손,
보이지 않는다

직선으로 줄기를 뻗는 습성의 어느 풀은
종내 책등을 넘어 백태처럼 사라졌다
마음의 돌확에 여운이 길지 않았다

구멍에 빠진 저 풀
속지를 넘겨줄 때는 결이 민감해져
오래 변색되지 않는다

하지만 손이 멀어져 상처 난 마음
자간을 지나는 좀벌레에게는
치명적인 먹잇감이었다

뻥 뚫린 주변에 자라던 개정향풀도

끝내 문장들을 잡아주지 못한 손끝이 파랗다
책갈피 사이로 무거운 생각
뼈로 압화돼간다

향기 없는 꽃이 무슨 죄가 되었는지
입술의 빛깔 지우며 다른 식물의 일가가 된다

결의를 해지한 풀들
어둔 구멍에 웃자란다

오랜 도감의 서열이 바뀌고 있다

제12회 우수상

난 헌옷이다

이명예

철 지난 옷 정리하다가 지푸라기로 변해가는 흰나비를 보았다
아직 통통한 줄무늬 스커트 토라진 모자 단발머리 반바지
그들만의 숨이 거칠게 납작하게 빛을 내고
너덜너덜 실밥 깨진 곳은 어머니 시절엔 밥풀이었을
뿌리 뽑히면 아무것도 아닌
정리되고 싶지 않은 것들이 다투어 줄을 선
한때는 산소 먹고 별을 읽는 싱싱한 혈관을 자랑했다
찢기고 그늘진 날개 운동하고 채식하면 건강한 시계 울리겠지
심장 헤치는 위험은 밟지 말아야 하지
난 흰나비 난 헌옷
침 튀면 발끈 기울어질 허나 손질하면 입을 수 있는
주름 꼬이면 어떤가! 자존심 아직 시퍼런데
시침질 박음질 다툼 서너 겹 준 나이
헌옷으로 입문했으면 당당해야 한다
양질의 탯줄 손가락 구분하지 않는 사랑
나는 원본이다
시간의 태를 입고 혈색 좋은
난 헌옷이다.

시의 처마를 번쩍

치열한 예선의 문턱을 넘어 모두 31명의 작품들이 우리 앞으로 왔다. 이들의 작품들은 한결같이, '개성'이라 불러도 좋을, 분명한 시의 기초와 뼈대를 구축하고 있었다. 이들은 신인으로서의 모험과 열정으로 전통과 충돌하기도 하고 각자 자기만의 언어로 개성을 찾아가는 불안을 노정하기도 하였다. 또한, 기성과 유행에 주눅 들지 않으면서도 만만치 않은 시선으로 사물을 끌어당기는 능력도 엿보여 평자들을 설레게 하였다. 오랜 작품 읽기와 논의 끝에, 박윤근의 「삐비꽃」 외 4편, 이명예의 「난 헌옷이다」 외 4편, 김대호의 「하늘에 별 총총」 외 4편, 송의철의 「노을 격포」 외 5편 등, 네 명의 작품들을 주목하였다.

박윤근 씨의 「삐비꽃」 외 4편은, 내면의 풍경을 반죽해내는 솜씨가 좋다. 특히, 식물도감 속의 삐비꽃을 현실로 불러내는 언어의 감각이 돋보인다. 삐비꽃을 통하여 그는 책갈피 같은 생활의 틈바구니에서 "뼈로 압화" 해가거나, 어쩔 수 없이 쓸쓸하게 "다른 식물의 일가"가 되어가는 삶의 공복을 여실히 보여준다. 이만한 시선으로 사물을 그렇게 깊고 오래 들여다보기가 쉽지 않다. 다만, 그의 다른 작품들은 자주, 자기만의 중얼거림으로 모호한 세계에 머물러 있는 듯했다. 모호한 이미지는 그것이 시의 안이든 바깥이든 머물 곳이 없다.

이명예 씨의 「난 헌옷이다」 외 4편은, 건조하지만 단단한 어조로 일상을 풀어낸다. 그의 시들은 크게 꾸미거나 과장하는 법이 없다. 마른바람이 불어대는 하모니카 소리 같다. 그렇다고, 그런 감정의 틈입이 보이지 않는다 하여, 그의 시들이 사물의 표피만을 건드리고 가는 게 아니다. 「난 헌옷이다」와 같이, 그의 시가 직관으로 빛날 때면, 자주, 정직하게, 삶의 속살을 보여주기도 한다. 다만, 그의 다른 여러 시들은 단조로운 형식에 군말이 너무 흘러넘친다. 때로 말을 내려놓을 줄도 알아야 한다.

김대호 씨의 「하늘에 별 총총」 외 4편은, 새로운 서정이다. 분명, 그의 시 형식은 새롭지는 않으나, 시의 화자들에게서는 시의 새벽을 걷는 설렘이 느껴진다. 투고된 작품들 대부분이 오랜 습작의 흔적이 역력하고 고루 안정된 기량과 시적 완성도도 갖추고 있다. 하늘의 반짝이는 별이, 삶의 각혈로 각혈할 때의, "그 압력이 너무 세서 먼 하늘에 가 박힌"(「하늘에 별 총총」) 것이라는 감각은 예사로운 것이 아니다. 별처럼 반짝인다. 한 가지 덧붙이자면, 시의 먼 길을 가기 위해서는 이미 길

들여진 매끄러운 말보다는 거칠고 성난 말로 몰아가야 하지 않을까?

송의철 씨의 「노을 격포」 외 5편의 시들은, 재미와 익살로 푹, 익었다. 「현고학생顯考學生」, 「노을 격포」, 「알 孤 말 孤」 등의 시에서 보이듯 말을 부리는 솜씨도 완숙에 가깝다. 신인답지 않게 능청스럽기까지 하다. 하지만, 이런 그의 시들이 거저 얻어지지는 않았을 터, "우주를 소쩍소쩍 읽거나", "우주의 노래를 비의 붓으로 소쩍소쩍 받아 적기까지", 그리고 "별들이 자장자장 반짝"이게 하기까지, 수많은 불면의 시들이 "노을 격포"를 밀물 썰물처럼 다녀가지 않았겠는가.

최종적으로 김대호 씨의 작품과 송의철 씨의 작품을 앞에 놓고 오래 망설이다, 결국, 송의철 씨의 작품을 대상으로 결정하였다. 두 분 중 누구라도 대상의 자격으로 충분하다고 생각했지만, 시의 처마를 번쩍 들어 올리는 유쾌함이 있는 송의철 씨의 작품에 조금 더 애정을 주기로 하였다. 대상과 우수상에 선정된 네 분에게 축하의 말씀드린다.

— 정현종 시인, 송찬호 시인

제13회 대상

우산을 새라고 불러보는 정류장의 오후

홍순영

젖기 위해 태어나는 운명도 있다
누군가는 탈출하기 위해 자신의 뼈 하나쯤 예사로 부러뜨리며, 골목에 쓰러져 있기도 하지만

뾰족이 날만 세우고 좀체 펴지지 않는 고집도 있다
그런 것은 십중팔구 뼈마디에서 붉은 진물을 흘리기 마련,
정지된 시간 위로 녹슨 꽃 핀다

사람이나 동물에게만 뼈가 있는 건 아니라는 거
기민한 종족들은 물과 돌, 쇠에도 뼈가 있음을 일찍이 알아챘다
어긋난 뼈를 문 우산, 길 위에 젖은 채 쓰러져 있다
그도 내 집 담장 밑에 저처럼 누워 있었다
젖는다는 것은 필연처럼 물을 부르고
눈물에, 빗물에, 국 한 그릇에 젖는 허기진 몸들
젖은 몸으로 태어난 당신과 나
살면서 몸을 말릴 수 있는 날은 의외로 적다

우산을 새라고 불러보는 정류장의 오후
출발을 재촉하는 채찍 소리 도로 위에 쏟아지면

날고 싶어 퍼덕거리는 새들 몸짓 요란하다
기낭 속으로 반달 같은 슬픔 우르르 몰려들면
둥글게 휘어지는 살들 팽팽히 끌어당기는 뼈
긴장이 도사린 새의 발목은 차갑고 매끄럽다
새의 발목을 끌어당기다 놓친 사내가 도로에 뛰어든다

제13회 우수상

모란牧丹

류흔

1

모란시장의 명물은 누가 뭐래도 모란이다
붉은 꽃이 피는 서쪽 통로에 비명이 즐비하다

까딱,
지적指摘 한 번에 태어나는 죽음들
사시사철 살아 있다는 것이 무료해
목에 칼 들이는 것들

살아온 날이 초 단위로 표시되는 전자저울 위,
애완의 추억 한 토막이 척 올라앉았다

손님, 한 송이만 사가세요.
방금 꺾어서 싱싱합니다.

비좁은 화단 안에서 차례를 기다리는 생화生花들이
오전에 꺼낸 동료의 내장을 먹는다 먹어야 산다, 살아야
죽을 수 있기에,

2

통로를 지나는 사람은 모두 면식범이다
띄워쓰기없는단골들,

장수원보신탕원조호남집보신탕언니네보신탕산골흑염소문형산토끼만수건강원여수토종닭오리현대건강원여주흑염소충남닭집영남흙염소형제흙염소영광축산장흥상회백세건강원전주건강원전남건강원전남가축무등흑염소소성도흑염소모란만물상회서울건강원부안가축장수건강원태양건강원순천가축장터건강원호남건강원원조건강원고향건강원백제약초 앞을 지나며

보았다, 통째 그을린
검은 유두에서 흐르는 흰 젖을
두고 온 새끼가 파고들어도 물릴 수 없는 익어버린 젖내와
공포에 오줌 지린 비린내를

보았다, 점점이 뿌려준 꽃잎을
울혈의 포인트를,

3

맞닥뜨린 골목에서
사람이 되돌아가던 시절이 있었다
한쪽 다리를 들어 전봇대에 영역 표시를 하던 요의尿意의 한때를
생각하면 저절로 웃음이 났다, 컹컹

울음이 났다 쇠창살 쪼개놓은 하늘을 물고
늘어지지도 늙어지지도 못하는 시간을 어쩌나,
예절을 배웠고 복종을 알아서
길길이 날뛰지도 못하는 이 심사를 어찌하나

이제는 하늘이 내려와 물고 있는 이빨과
이빨이 물고 있는 혀를

혀에서 돋아나는 떨림을
그 정밀精密을,

4

어떤 각오가 죽음을 덮치는가
말하라, 꽃이여

모란이 피기까지는*
쿵, 쿵, 떨어지는 꽃잎에 쑥대밭이 된 통로와
부서진 화단을 탈출하는 개들과
돌아온 개를 얼싸안은 주인과
되찾은 목줄과 양은 밥그릇을
그릇에 수북이 담기는 목메임을

아직은 살아 있으므로 상상할 수 있는 것이다
모란이 피기까지는,
먼 훗날의 일이라 생각했던 것인데

덜컹,

열리는 철창 틈으로 지문指紋이 다가왔다

* 김영랑의 「모란이 피기까지는」

제13회 우수상

책들의 거처

금명희

책에 대해 물어본 적이 없었네
손톱만 한 어린잎들은 자라 숲이 되었네
숲 근처를 지날 때 잎사귀들은
내게 휘파람을 불어주었네
몇몇의 잎들에게 호명을 하면
불린 이름들이 손을 흔들며 따라 나왔네
심심한 잎들에게 말을 붙였네
잎사귀들은 입을 열어
또렷한 발음으로 대답을 했네
처음부터 알고 있었다고
책갈피를 넘기며 말을 했네
나는 나무 냄새가 좋다고 코를 킁킁거렸네
잎사귀들이 소파에 앉아 한참 떠들었네
행간을 걸어 다니느라 부어오른 발목을
나무 그늘에 쉬게 했네
햇살을 갉아먹은 잎들이 푸른 똥을 갈겼네
먹다 남은 햇살은 냉장고에 보관해두었다가
해동시켜 공복에 먹을 거라 했네
무성한 숲이 높은 성처럼 든든해 보였네
숲으로 들어간 마른 갈증이
밤새 또 다른 길을 내고 있었네

제13회 우수상

앵두나무 밑에서 잠을 깬 개가

이예미(이춘희)

운치리* 어느 쯤의 강기슭으로 나가
붉은 혀끝으로 동강 몇 방울 흘린다
한때 나는 그 강을 닮은 한 사내를 만났었다
노을들이 강으로 이끌려가듯
나의 가슴도 그에게 끌려가 붉어진 적이 있었다
모든 게 그 강 때문이었다
나의 사랑이 그 상류 어딘가에서
물방울을 일으켜 시작되었듯
그에게 이르는 길은 끊임없는 익명이었다
몇 번의 우기가 지나쳤지만 뿌리들은 젖지 않았다
그해 가을 나는 처음으로
그에게서 모래들의 이동을 보았다
모든 세월들은
느티나무처럼 오래도록 눈에 띄어야 잊히는가
침묵은 곧 오후 속으로 뿔뿔이 사라졌고
그 강, 아니 그 산에
지금은 생사의 골짜기를 넘나들고 있을 사내

* 강원도 정선에 있는 강 마을

어쩌면 운치리 어느쯤에서 놓아야 했을 그 사내
더는 이별할 수도 없는 그를
오월의 앵두나무 가슴에 옮겨놓듯
커다란 느티나무 하나 땅속 깊이 심어놓는다

시로서 균형 있는

예심을 거쳐 올라온 서른 묶음의 작품에서 반을 추리고, 거기서 다시 반 정도의 작품을 골라서, 심사숙고 끝에 우수상과 대상 당선작을 선정하였다. 작품의 수준이 고루 높아서 우수상 3편과 대상 1편을 고르는 것이 쉽지 않았다. 어느 한 요소가 뛰어난 작품보다는 한 편의 시로서 균형 있는 짜임새를 갖추고 있는 작품을 수상작으로 선정하려고 노력했다.

이예미의 「앵두나무 밑에서 잠을 깬 개가」는 제목이 신선한 느낌을 주었는데, 제목과 내용이 순조롭게 연결되지 않는 점은 아쉽다. 익명, 우기, 생사 등 한자어를 적절히 사용하여 시상의 압축성을 높인 점도 인상적이었다. 어법과 표현은 매우 뛰어났으나 대상에 대한 충실한 사색, 점착력 있는 관찰의 끈기가 부족했다. 관찰과 사색보다 표현 쪽에 역점을 둔 작품이라 할 수 있다.

류흔의 「모란」은 '모란시장'과 '모란'의 유사어적 발상에서 시행을 출발시켰다. 시장에서 모란이 판매되는 장면을 축으로 하여 시장의 잡다하고 처절한 풍경들을 세밀하게 관찰하여 표현하고, 모란을 의인화하여 자신의 내면을 중첩시켜 표현하는 시적 묘미를 충분히 구사했다. 전체적으로 새로운 구도로 설계되었는데 군데군데 거칠고 과장된 부분, 흐름에 어울리지 않는 부분들이 있어 조화를 이루지 못했다. 표현의 새로움과 함께 성찰의 깊이를 갖추어져야 할 것이다.

금명희의 「책들의 거처」는 책에 대한 시가 아니라 숲에 대한 시인데 숲을 책들의 거처라고 보고 시상을 전개한 착상의 신선함이 눈에 띄었다. 하나하나의 시행들은 흥미롭고 새로운데 각각의 시행을 연결하는 고리가 강고하지 못한 것이 흠이다. 구슬이 서 말이라도 꿰어야 보배라고 좋은 시구들이 아무리 많아도 그것을 맵시 있게 이어주지 않으면 좋은 시가 되지 못한다.

홍순영의 「우산을 새라고 불러보는 정류장의 오후」는 우산을 바라보는 치밀한 관찰력과 그것을 삶의 국면과 연결 지어 사색하는 응집력과 시상을 시의 구조에 맞게 언어로 배치하는 표현력이 적절하게 조화를 이룬 뛰어난 작품이다. 수소 분자와 산소 분자가 결합하면 물이라는 새로운 물질이 만들어지듯이 관찰과 사색과 표현이 상호작용을 하면 시적인 화학변화가 일어난다. 독창적인 예술 작품이 탄생하는 것이다. 이 독창적 예술 작품을 대상 수상작으로 선정하였다.

수상자들에게 축하를, 아쉽게 탈락한 분들에게 격려를 보내며, 참여한 모든 분들에게 언어의 축복이 깃들기를 기원한다.

— 문정희 시인, 이숭원 문학평론가

제14회 수상작

거울 속 거미줄

정용화

덕천마을 재개발 지역
반쯤 해체된 빈집 시멘트 벽에 걸린
깨진 거울 속으로 하늘이 세 들어 있다
무너지려는 집을 얼마나 힘껏 모아 쥐고 있었으면
거울 가득 저렇게 무수한 실금으로 짜인
거미줄을 만들어 놓았을까
구름은 가던 길을 잃고 잠시 걸려들고
새들은 허공을 물고 날아든다
거미줄에 무심히 걸려 있는 지붕 위
주인도 없이 해가 슬어놓은 고요를
나른한 오후가 갉아먹는다
간절함은 때로 균열을 만든다
한때 두 손 가득 무너지는 인연 하나
잔뜩 움켜쥐고 있었던 적이 있다
그럴 때마다 가느다란 손금이 조금씩 깊어졌다
심경, 마음을 들여다볼 때 마주치는 거울 속으로
손금이 흘러들어 무수한 실금을 남겼다
균열은 어떤 부재를 품고 갈라진 틈 속마다
허기진 풍경을 흘려 넣는 것인가

무너짐이야말로 더 큰 열림이기에
거울 속 거미줄은 어떤 것도 붙잡아두지 않는다
나를 흘리고 온 날
서까래 같은 갈비뼈 사이로 종일 바람이 들이쳤다
그러고 보면 깨진 거울은 무너지는 것을
움켜쥐고 있던 집의 마음이었음을

한 구 석 도

수주 변영로 선생의 문학 정신을 기리는 수주문학상이 금년 14회째라는 데에 놀라움을 금할 수 없었다. 더불어 응모자의 수가 많다는 데 대해서 놀랐고 예심을 거쳐 본심에 오른 작품의 수준에 대해서도 놀라운 마음이 있었다. 모두가 일정 수준에 오른 작품들이었다.

주최 측의 요청에 따라 심사위원 두 사람은 이름이 가려지고 번호로만 표시된 40인의 응모작들을 둘로 나누어 각각 읽고 다시 돌려서 읽고 끝내는 한 사람의 작품을 골랐다. 읽는 과정에서는 힘이 들었지만 합의하여 당선작을 내는 데는 별반 이의 없이 순조로웠다.

응모 작품을 읽으면서 대체로 느낀 점은 응모작들이 대체로 장황하다는 점이다. 결국 시라는 문학 형식은 마음속 원망을 언어로 풀어내되 간결하면서도 강력하게 표현하자는 데에 그 출발점이 있는데 그렇지 못하다는 것이다. 내면의 감흥이 뒤엉켜 있고 표현이 또한 뒤엉켜 있다 보니 자연스레 시들이 길어지면서 혼란스럽다는 느낌이 강했다. 가능하면 짧은 형식 속에 많은 내용을 응축시키자는 것이 애당초 시의 약속이기도 하다. 또한 서사와 서정 형식이 혼동된 작품들도 다수 발견되었다. 더구나 문학상의 주인이신 수주 선생은 매우 단아한 형식미와 언어 감각을 지닌 서정 시인이신데 이런 점에서도 응모자들은 십분 고려해주었으면 싶다는 소감을 가졌다.

빈 틈 이 없 다

결국 당선으로 결정된 정용화의 시 작품 「거울 속의 거미줄」 외 5편은 응모작 모두가 일정 수준에 올라 있을 뿐더러 시가 지녀야 할 품격을 고르게 갖추고 있어서 쉽게 믿음이 갔다. 형식상 잘 짜여 있고 언어를 매만지는 솜씨가 정교했다. 한구석도 빈틈이 없다는 점이 심사위원들 간에 오간 평가의 말이었다. 버려진 사물을 바라보는 데서 얻어진 미세한 시각이 자신의 내부로 돌아와 자아 성찰의 세계를 얻어냄은 조그만 화엄의 불꽃을 만들어냄이다. 좋은 시적 재질과 정진을 좋은 시를 쓰는 데에 오래 바쳐서 이 땅의 시문학 발전에 기여해주기 바란다.

이와 함께 「울음이 닿아 있는 동대구로7길」 외, 「철새 도래지」 외, 「자귀나무」 외, 「새들이 떠나는 서쪽 하늘은 깊다」 외의 작품이 끝까지 남아 종심을 겨뤘다. 나름대로 특색이 있고 일가견이 있는 작품들이었다. 이들 작품뿐만 아니라 더 많은 작품들이 물 밑에 숨어 있는데 심사위원들의 눈이 어두워 미처 발견해내지 못했을 수도 있다. 크게 실망하지 말고 앞으로도 시를 사랑하며 시를 생산해내는 일에 최선을 다한다면 분명 좋은 날이 오리라고 본다.

— **오세영** 시인, **나태주** 시인

제15회 수상작

서술의 방식

심강우

개미를 낱말로 개미들을 문장으로 아무 데나
펼쳐진 개미집은 구멍 난 책으로 읽는다
여왕개미의 혼인비행은 표지를 장식한 제목이다
첫 문장의 고비를 넘기면 문장이 문장을 물고 나가는 법,
잉크병에서 듬뿍 찍어낸 낱말들이 길바닥도 모자라
나무와 새의 몸통까지 적어나가는 왕성한 필력
아파트 화단이며 담장이며 경계 너머
창틀과 침실까지 서술하는 바람에
주제를 벗어났다는 비판에 시달린다
낱말을 쿡 찍는 지적보다 신발 밑창 단위의 어절로
지워지는 현실, 그래도 마침표를 찍지 않는 건
분량 제한이 없어서일까

당신과의 만남을 제목으로
내 몸에서 빠져나간 문장을 생각한다
처음엔 내가 말할 수 있는 영역, 만질 수 있는 것들에 대해
가지런히 써 내려갔었다 연애와 혼인엔 수식이 많았고
아이를 키울 땐 각주가 많았다 변명과 책임만으로
다 쓰지 못한 본문은 늘 빈약했지만 금박 장정,

베스트셀러에 대한 미련을 버리지 못했다
구름은 그래서 과중하다 싶으면 비를 내리고
강과 바다는 뜨거운 태양과 거래를 했던 것이다
체중을 줄여나갔던 것이다

오타로 찍혀 찾아온 공원 벤치
풀린 구두끈을 타고 구겨진 바짓단을,
그 위의 보푸라기까지 설명하려 드는
저 문장의 행갈이를 선뜻 털어버리지 못하는 건
적정한 매수枚數를 잊고 살아온 까닭이다
상투어를 버리고
군더더기를 버리고
아직 묶지 못한 나란 원고를 퇴고 중이기 때문이다

진중한 심사를 가라앉히는

제15회 수주문학상의 예심에서 추천된 수상 후보작들 가운데 단연 돋보였던 것은 「서술의 방식」 「기울어진다는 것」 「먼지의 계보」 등을 응모한 심강우 씨의 시편들이었다. 이 응모자의 작품에서는 쉽게 해독되는 것 이상으로 진중한 심사를 가라앉히는 차분한 서정성이 돋보였다. 시인은 대상 속으로 스며들면서도 결코 함몰되지 않는 시선의 집중력을 유지한다. 진심을 온축시킨 이 응시에는 그리하여 고요한 활기가 느껴진다. 사변적인 주체조차 사물의 구체성과 어울리게 주제의 시선을 대상 깊숙이 끌어다 놓는 수사적 재능은 오랜 시간 시를 갈무리해온 결과이리라. 말하자면 그것은 이전의 시 세계를 모질게 닦달해서 얻어낸 전취물이 아니라, 우리 시의 전통을 찬찬히 음미하면서 발전시킨 능력이라 믿어지는 것이다. 따라서 그의 시에는 새로운 시의 미학을 향한 문제적 시선이 옅은 대신, 발화된 심상의 근거를 안고 가는 그 나름대로의 형상성이 살아 있다. 그리하여 이 응모자의 시 세계는 이 즈음 시들이 보여주는 장황하고 난삽한 중첩에서 비켜서게 되는 것이다. 아쉽다면 수사적 평면에서 한 걸음 더 나아가 저만의 개성을 뚜렷이 구사하는 구상력을 배가시키는 것이 형상성의 묘미를 살려내는 길이 아닐까 생각했다.

선자選者들은 위의 응모자 외에도 「쫄깃한 끼니」 외, 「만삭」 외, 「콩나물은 헤비메탈을 좋아하지 않는다」 외 등을 각각 제출한 응모자의 시편들도 개성적인 사유와 감각의 우수성 등으로 그

나름의 시 세계를 펼쳐 보였다고 판단했다. 수상에는 이르지 않았으나 격려의 몫에 들기에는 충분하였다. 민족시인 수주 변영로 선생의 문학 정신을 기리는 이 상이 오래도록 눈부시게 문학사의 중심에서 타오르길 바란다.

— 천양희 시인, 김명인 시인

제16회 수상작

기린의 목은 갈데없이

이병일

기린의 목엔 광채 나는 목소리가 없지만, 세상 모든 것을 감아올릴 수가 있지 그러나 강한 것은 너무 쉽게 부러지므로 따뜻한 피와 살이 필요하지

기린의 목은 뿔 달린 머리통을 높은 데로만 길어 올리는 사다리야 그리하여 공중에 떠 있는 것들을 쉽게 잡아챌 수도 있지만

사실 기린의 목은 공중으로부터 도망을 치는 중이야 쓸데없는 곡선의 힘으로 뭉쳐진 기린의 목은 일찍이 빛났던 뿔로 새벽을 긁는 거야

그때 태연한 나무들의 잎눈은 새벽의 신성한 상처와 피를 응시하지

아주 깊게 눈을 감으면 아프리카 고원이, 실눈을 뜨면 멀리서 덫과 올가미의 하루가 속삭이고 있지

저만치 무릎의 그림자를 꿇고 물을 벌컥벌컥 마시는 기린의 목과 목울대 속으로 타들어가는 갈증의 숨을 주시할 때

기린의 목은 갈데없이 유연하고 믿음직스럽게 아름답지 힘줄 캄캄한 모가지 꺾는 법을 모르고 있으니까

시의 대상을 선택하는 찰나

서정시란 어떤 대상을 빌려 내면 고백, 즉 시인의 목소리를 내는 것이다. 대상의 선택과 출현, 내면 고백은 하나로 자연스럽게 빚어져야만 한다. 한 시인의 어법을 빌리자면, "나는 뱀을 빌려 고백하겠다. 나는 뱀의 성질이 아니라 뱀의 모양을 빌릴 수 있다."(김행숙, 『사춘기』) 대상과 표상의 적합성이 이루어질 때 시의 깊이도 생성된다. 그러니 시의 대상을 선택하는 찰나 시의 운명이 결정되는 것이다. 예심을 거쳐 본심에 오른 작품은 40여 분의 작품들이었다. 저마다 다채로운 개성으로 시적 진경에 가닿았기에, 그걸 한 편 한 편 읽어내는 일이 즐거웠다. 최종심에서 다뤄진 시들은 「기린의 목은 갈데없이」, 「가막조개」, 「꽃마리」, 「별을 바라보는 서로 다른 방식」, 「사랑하는 이에게」, 「미안의 피안」 등 여섯 분의 작품들이다. 이 작품들의 수준이 기대에 비해 상당히 높아서 놀랐다. 다들 시의 기본을 충실히 다진 단단한 시편들이었다. 앞으로도 더 좋은 시를 써낼 수 있는 능력이 충분하다고 기대되었다. 그중에서 「기린의 목은 갈데없이」 외 작품을 낸 응모자가 빼어났다. 처음 시를 읽을 때 왜 하필이면 기린일까, 하는 의구심이 없지 않았지만 "곡선의 힘으로 뭉쳐진 기린의 목"에 대한 상상력은 단박에 독자를 아프리카 고원으로 안내한다. 기린은 강하기보다는 따뜻한 피와 살을 가진 연약한 짐승이다. 그 길고 아름다운 목을 가진 기린이 사는 아프리카 고원은 약육강식의 원리가 엄연하고 "덫과 올가미" 들이 널린 곳이기도 하다. 아프리카 고원이 먹고 먹히는 정글 법칙이 엄연한 신자유주의의 피도 눈물도 없는 냉정한 자본 논리가 판치는 현실에 대한 강력한 은유로 탈바꿈할 때, 우리 심사자들은 이 시인의 솜씨에 감탄했다. 당선작과 함께 응모한 「진흙여관」, 「풀피리」, 「녹명」 들에서도 확인할 수 있듯 언어에 대한 섬세한 감수성, 독창적 발상, 사물에 대한 해석력, 능란한 시행의 배열 등 어느 하나 빠지는 것이 없었다. 빼어난 시편으로 수주문학상을 수상한 것을 진심으로 축하드린다.

— **고형렬** 시인, **장석주** 시인

제17회 수상작

쓸쓸함의 비결

박형권

어제 잠깐 동네를 걷다가
쓸쓸한 노인이
아무 뜻 없이 봉창 문을 여는 걸 보았다
그 옆을 지나가는 내 발자국 소리를 사그락사그락
눈 내리는 소리로 들은 것 같았다
문이 열리는 순간
문밖과 문안의 적요寂寥가 소문처럼 만났다
적요는 비어 있는 것이 아니다
탱탱하여서 느슨할 뿐
안과 밖의 소문은 노인과 내가 귀에 익어서 조금 알지만 그 사이에 놓인 경계는
너무나 광대하여
그저 문풍지 한 장의 두께라고 할밖에
문고리에 잠깐 머물렀던 짧은 소란함으로
밤은 밤새 눈을 뿌렸다

어제오늘 끊임없이 내리는 눈에 관하여
나직나직하게 설명하는 저 마을 끝 첫 집의 지붕

나는 이제 기침 소리조차 질서 있게 낼 만큼
마을 풍경 속의 한 획이 되었다
나도 쓸쓸한 노인처럼 아무 뜻 없이 문 여는 비결을
터득할 때가 되었다
실은 어제 밤새워 문고리가 달그락거렸다

문고리에 손 올리고 싶어서
나는 문을 열었다

작품의 수준이

예심을 거쳐 올라온 50명의 응모작을 읽으면서, 몇 년 전에 심사했을 때와 달리 작품의 수준이 몰라보게 향상되어 놀라웠고 그래서 심사가 다소 힘들지만 즐거웠다. 수주문학상에 대한 문단의 관심이 얼마나 큰지 실감할 수 있었다. 어느 작품도 소홀하게 읽을 수 없을 만큼 탄탄해서 심사는 다소 더디게 진행되었지만, 박형권의 「쓸쓸함의 비결」을 수상작으로 결정하는 데에는 두 심사위원의 의견이 쉽게 일치했다.

「쓸쓸함의 비결」은 자연의 변화와 기운이 하나의 사물 속에서 감지되는 순간, 세상의 수많은 이야기들이 하나의 무심한 몸짓 속에 감춰져 있는 순간을 행복하게 포착한 수작이다. 이 시는 그 순간을 통해 삶의 희로애락이 광풍처럼 지나간 자리, 욕망과 희망과 기대가 사라져버린 자리에 남는 쓸쓸함이 사실은 얼마나 풍요로운 세계인가를 슬쩍 내비쳐 보여준다.

노인이 봉창 문을 여는 순간에 갑자기 생기는 안과 밖의 광대한 경계, 노인과 나를 가르는 낯선 경계, 삶과 죽음 사이에 놓인 아득한 경계들이 "문풍지 한 장의 두께"로 압축되는 과정은 음미할 만하다.

시적 자아가 사라져서 하나의 풍경 속에 조화롭게 녹아드는 희열의 경험, 세속적인 모든 것들의 가치와 의미가 무화되는 지점에 대한 종교적 미학적 원리를 한 노인이 문을 여는 아주 사소하고 평범한 이야기에서 이끌어내는 방법은 탁월하다.

함께 투고한 다른 작품도 흥미롭게 읽었는데, 그중에서 시적 자아의 몸과 마음에서 오랫동안 숙성되어 일체가 되어버린 원

시적인 바다의 싱싱함과 생동감을 실감 나게 그린 「가덕도 탕수구미 시그리 상향」은 매혹적이다.

수상작과 함께 논의된 응모작들 중에서는 이정연, 김현서, 이성목의 작품이 주목할 만하였다. 이정연의 「칼」은 시적 자아의 몸에서 날아오르려는 새의 내밀한 움직임과 생명력을 칼날을 쥘 때의 감각으로 형상화한 가작이다. 설명할 수 없고 개념화할 수 없는 몸의 고유한 살아 있는 느낌을 이미지로 포착하는 힘이 뛰어나다.

김현서의 「얼룩의 영역」은 한 여자를 관찰하면서 내면의 미세한 움직임을 끓어넘치는 냄비의 국물, 마른 양파 껍질 등과 같은 사물 이미지로 연결시키는 방법이 볼 만하다. 시적 자아의 내면에서 그녀와 하나가 되는 순간을 꿈꾸면서 여자와 연애를 재구성하는 방법도 독특하고 매력적이다.

두 응모자의 작품이 보여준 기량과 개성은 수상작에 뒤지지 않는다고 생각하지만, 함께 투고한 다른 작품들의 수준이 다소 고르지 못해 아쉽게 내려놓아야 했다. 이성목의 「찌라시」는 지하실로 잘못 들어온 귀뚜라미며 매미 등을 관찰하며 사람의 눈에는 보이지 않는 사소한 것들의 세계를 허구의 이야기로 재구성한 흥미로운 작품인데 몇몇 상투적인 시어들이 읽는 즐거움을 반감시켰다.

— 최문자 시인, 김기택 시인

제18회 수상작

쇠정어리고래

하수현

바람 떼가 시장통까지 따라 들어와
쇠정어리고래 주위를 맴돈다
생고등어 배 속에 왕소금을 던지던 한 아낙은 바람결에 움찔하다가
고래 쪽으로 눈길을 단단히 꽂았고,
행인들도 언 발을 머리에다 이고는 모두 입을 닫는다
어쩌다 운명의 그물 안으로 뛰어든 고래가
시장 바닥에 드러누우면
흡사 집 한 채 통째로 자빠지기라도 한 듯
무조건 시장통 빅뉴스가 된다

쇠정어리고래의 허연 배에 어설픈 현관문 하나
뚝딱 만들어지고부터
창자 허파 태평양의 물결이 토막토막 잘려 나오고
뒤이어 나온 살덩이들은 붉은 눈물을 뚝뚝 흘리며 생애를 통곡한다
고래 창자에도 작은 창문을 내고 나니
소화가 집행유예된 오징어들,
종種을 모를 만큼 절반쯤 무너진 물고기들,

한때 콜라가 주인이었던 붉은 페트병도 나온다
붉은 페트병은
그간의 암흑기를 털어내고 부활의 나라로 가리라 나는 믿는다
그다음으로는 포유류를 향한 알 수 없는 동정심도 도려내고
인도양 대서양의 수심水深을 후려치는
고래 떼의 장엄한 유영遊泳마저 뜯어낸다

비운의 쇠정어리고래는 잘린 살덩이들이 개별적으로 울었을 뿐
몸통이 절반이나 해체될 때까지
이 초유의 현실을 외면하느라 줄곧 눈을 감고 있다
어시장 바로 뒤편, 파란 바닷물 쪽을 보면
육신이 갈기갈기 찢긴 쇠정어리고래의 진혼을 위해
겨울 바다를 비장批狀으로 달려온 고래 떼들이
상기된 낯으로 수런거릴 터인데,
울컥거리던 저녁 바람도 이젠 날을 세운다.

자기 시의 길을 걷는

예심을 거쳐 올라온 38명의 응모작들을 읽었다. 상상력의 과잉이나 언어의 위축 없이 각자 자기 시의 길을 걷는 시적 개성들이 인상적이었다. 그중에서 「노인의 아침」 외 4편, 「꿈에 단골집 하나 있다」 외 6편, 「쇠정어리고래」 외 4편의 작품이 돋보였다.

「노인의 아침」 외의 시는, 군더더기가 없다. 시의 형식은 온건하면서도 시 속에 전개된 인물이나 사건들은 일상 너머 비범한 삶의 풍경을 보여준다. "들판 여기저기 아침의 돛을 올리는/ 농투성이들의 목선" 같은 시구도 매력적이다. 하지만 함께 보내온 시의 편차가 뚜렷하고, 군더더기가 없는 나머지 시가 단조로운 언어의 회로에 갇혀 있어 아쉬웠다

「꿈에 단골집 하나 있다」 외는, 말과 상상력이 부드러운 관절로 이어져 시상이 자유롭고 활달하다. "작은 나무 문을 열면 늙고 무거운 시인이 탁자에 엎드려 고래처럼 울고 있다/ 그를 바다로 옮기는 일은 그만두었다"니, 분명 새로운 언어의 문턱에 도달해 있다. 하지만 그 언어가 관습화된 인식의 지표를 뚫고 들어가 어떠한 시적 개성을 획득할 것인지 더 지켜볼 필요가 있다고 여겨졌다.

「쇠정어리고래」 외는 "쇠정어리고래의 허연 배에 어설픈 현관문 하나 뚝딱 만들어지고"의 시구와 같이, 생생하고 적확한 묘사로 언어의 힘을 세운다. 잡혀온 쇠정어리고래의 해체를 통하여 생활의 파란만장과 삶의 비루함을 여지없이 폭로한다. 뚝심 있

는 말과 시선을 견지하면서도 대상을 윽박지르지 않고 이미지가 자연스럽게 걸어 나오게 하는 솜씨도 돋보인다. 함께 보내온 작품의 수준도 고르고 치밀하다. 「쇠정어리고래」를 수주문학상 수상작으로 선정한다. 응모작도 탄탄하거니와 앞으로 수상자의 시의 장래를 가늠해볼 때 그런 믿음은 더해진다. 수상자에게는 축하의 말씀을, 수상에 이르지 못한 이름들에게는 격려의 박수를 보내드린다.

— 이승하 시인, 송찬호 시인

제19회 수상작

누에

장유정

수백 년 전 누에의 분묘가 발굴되었다
모서리죽임같이 흙으로 쌓아 올린 사각기둥
실을 짓던 시간들이 뭉쳐 있었다
무한한 옷 한 벌 품은 실들이 껍질 속에 있었다
집을 바라는 열의의 모형처럼 타임캡슐엔 우주에 관련한 보고서도 발견되었다

집 한 채 따로 들고 나앉듯
방 안에는 숨을 뽑아 날개를 만들고 있었다
좁은 침낭 속에 들어 잠을 자는 듯 죽어 있는 누에고치

자기만의 중심축으로
한곳에 치우침 없이
부드러운 곡선 속에 계속 굴러가는 방향지시등처럼 마찰계수가 작았을 것이다
뾰족한 끝이 보이고
자꾸만 균형 잃고 흔들릴 때
세상과 닿는 유연한 포장
쉼 없이 돌고 도는 지구의 자전처럼 모서리가 둥글다

잠자는 머리를 어느 쪽으로 돌리지 않은 것들은 화려한 변태를 겪을 수 있다는 듯

미사일 저장고를 개조하듯
우주선 캡슐에 건전지 넣는다
긴급 피난형 집처럼 누에가 고치를 짓고 있다
우화등선처럼 손끝에는
하얀 벌레가 한 마리씩 꿈틀거렸다

부드러운 상상력

수주문학상에 응모한 작품들의 수준이 전반적으로 높게 고르고, 개별적으로는 고유한 특징들을 갖추고 있어 심사하는 일이 즐거우면서도 쉽지 않았습니다. 최종적으로 논의된 작품들은 「첫차」 외 4편, 「대장간 칼」 외 4편, 「서큘레이터」 외 4편, 「방충망」 외 4편, 「누에」 외 4편이었습니다.

시 「첫차」는 겨울 저녁 한 사람의 영면을 추모하기 위해 들른 장례식장에서 망자와의 스치듯 맺은 한때의 인연을 담담하게 떠올리는 작품입니다. 그러나 영정 사진 속 망자의 그 뻐드렁니가 뜻하는 것의 시적 내용이 다소는 불분명하다는 생각이 들었습니다.

시 「대장간 칼」은 전생에서 후생으로 이어지는 시간의 흐름을 보여줍니다. 그러면서 시적 화자의 미래(내생)의 정체성이 만들어지는 공간으로서 단철장이 제시되고 있습니다. 이 단철장이 낫과 같은 날카로운 금속의 공구를 만드는 곳이라는 데에서 화자의 절망과 번민은 생겨납니다. '낫'/'꽃', '전생'/'후생', '나'/'그'의 대비가 상징과 암시를 만들어내고 있지만 산문적 진술이 긴장을 떨어뜨리는 형국입니다.

시 「서큘레이터」 외 4편의 작품들은 시 창작의 경험이 많아 보였고, 또 조리가 있게 하나의 시상을 직조하는 능력을 보여주었습니다. 다만 시 「서큘레이터」에서 보이듯 "나는 바람의 생산자. 버튼을 누르면 나의 심장은 뛰지"로 곧바로 진술이 옮겨가도 좋을 것임에도 불구하고 진술의 보폭을 겹쳐가면서 비좁게 옮겨 감으로써 읽는 편에서 갑갑증을 느끼게 한다는 점을 지적하고 싶습니다.

「방충망」 외 4편의 작품들은 수상작과 마지막까지 경합했다는 것을 밝혀둡니다. 상상력이 참신하고 탄력이 느껴졌습니다만 작품들의 수준에 편차가 있었다는 점이 열세에 놓이게 했습니다.

「누에」 외 4편의 작품들은 유려한 생각을 드러내되 중량감이 있고 또 안정감을 느끼게 했습니다. 특히 시 「누에」는 과거의 시간을 불러내고, 옛 시간이 쌓인 공간 즉 분묘를 누에의 공간으로 바라보지만, 그 유택에 보관된 시간만큼은 둥글고 유연한 것으로 해석하는 부드러운 상상력이 특별했습니다. 개성적인 시안을 갖추었다고 생각합니다. 수상을 축하드립니다.

— 문효치 시인, 문태준 시인

3부

기수상자 자선시

문성해

손택수

임동윤

김주관

임경묵

최은묵

이사랑

송과니

홍순영

심강우

이병일

박형권

하수현

장유정

문 성 해

Y의 이불

반지하방
절뚝절뚝 계단을 내려가면
삐걱이는 침대 위에
그것은 펼쳐져 있습니다
한 번도 각을 만들어본 적 없는 그것에겐
시큼한 물비린내가 납니다

호수와 뭍의 경계에서
신발을 벗는 자와도 같이
당신은 그 속으로
옷을 입은 채 뛰어듭니다
어린 날 냇가에서처럼

당신은 그 속에서 아득히 눈을 감습니다
잠의 치어들이 닫힌 눈꺼풀을 톡톡 건드릴 수 있게
간혹 이불 밖으로 발을 차는 것은
잠 속에서도 당신이 줄기차게 헤엄을 친다는 증거

그 속에서 당신은

늙어가는 허파 대신
옆구리에 푸른 아가미가 패입니다
냇가를 누비던 어린 시절처럼

하지정맥류의 종아리를 절뚝이며
만년 알바생인 당신은 또 나섭니다
지느러미 돋은 달과 함께
24시 편의점으로

무릎담요

난 당신의 낡고 새카만 무릎을 좋아해요
하루에도 몇 차례 화장을 고치는 얼굴은 말고
상처 많고 때 많은 당신의 무릎을 사랑해요

절어 있는 때로
오늘 아침에도 신호등 앞에서 몇 번씩이나
짧은 치마를 잡아당기는 당신

걸레와 나란히 방바닥을 닦고
돌부리에 걸려 넘어지면 유리잔처럼 깨어지는 그것
때로는 골방처럼 웅크릴 수 있게
당신을 반으로 접어주는
춥고 마른 그것을 위해

커다란 손처럼
소나기 만나면 덮어쓰고 뛰던 연잎처럼
알록달록한 밥상보처럼
허공에서 천천히 내려와 주겠어요

마술사가 덮어놓은 보자기처럼
그늘지고 다정한 그 속에서
당신의 겁 많고 소심한 무릎은
토끼의 하얀 등처럼 곧 따스해지겠죠
홀씨들이 까무룩이 내려앉은 언덕이 되겠죠

그러니 당장 꺼내주어요
당신의 좀 쓸고 있는
영원히 잊혀진 가방 속의 나를

손 택 수

패배하는 나무들

나무는 진다
이기지 않는다
나무의 패배는 노을 같은 것이라
저를 물들이고 나를 물들인다
지는 것은 또한 지우는 것과 같아서
무수한 틈들이 생겨난다
잎들과 잎들 사이 틈은 그냥
생기지 않는다
오래 뜸을 들이면서 기다린 뒤라야
눈을 뜨는 것이다
그 틈들이 잎을 만든다
돋아나는 잎들과 잎들이 틈을 만드는 것이 아니라
틈들이 잎을 돋아나게 한다
틈새야말로 마지막 잎새
하늘도 한 장 잎새가 될 때까지
나무는 진다
잘 지는 것이 최선,
독하게, 지는 것으로부터
무한의 색과 모양들이
흘러나온다

파미르고원

만년설 아래 비탈을 마르코 폴로 양 어미와 새끼가 올라가고 있다
어미는 한사코 새끼를 떨어트리려 하고
새끼는 어미 곁을 떠나지 않으려 안간힘이다 부러
비탈만 비탈만 골라 딛는 어미의 뜻을 헤아리기에 새끼는 아직 어리다
아가, 어서 돌아가거라, 저긴 혼자서 가는 길이란다
누구나 혼자서만이 갈 수 있는 최후의 길이 있는 것이란다
비탈에서 새끼 양이 상하기라도 할까 봐
평지로 내려온 어미 양은 마지막 힘을 쥐어짜 달리기 시작한다
더는 새끼가 따라올 수 없도록 질주를 멈추지 않는다
어미를 부축하던 새끼의 걸음도 울음도 이내 멀어지고
어미는 앞다리를 꿇고 대지에 경배하듯 머리를 눕힌다
저 앞의 죽음까지 몇 걸음을 혼자서 더 걸어갈 수 있도록
꺾이지 않고 있던 뒷다리를 마지막으로 접는다
여행자의 이름을 가진 양 마르코 폴로

언제였던가 선친과 함께 보던 다큐멘터리 화면 속 장면
이튿날이면 사체 주위로 늑대와 여우와 까마귀 떼가 몰려온다
체취를 따라온 새끼가 멀리서
어미의 장례를 지켜보고 있는 파미르고원

임 동 윤

저녁의 기원

공중 떠돌던 새가 돌아오고 있다
지친 날개를 오롯이 접을 수 있는
따스한 굴뚝 언저리
아궁이의 불이 연기로 덮이는 저녁이면
모든 새가 찾아들고 싶지만
둥근 저녁은 쉽게 마련되지 않는다
발붙일 수 없는 허공
종일 바람 불고 천둥 번개가 치고
마른 주둥이의 날개로 울고 파닥였으나
편한 잠자리는 좀처럼 허락되지 않는다
살갗을 찢을 듯이 추운 허공
지친 몸으로 눈보라 속을 떠돌다가
이제 비로소 맞이하는 저녁,
허공 저쪽으로부터
또 한 마리의 새가 날아오고 있다

문밖·2

뽑아낸 못의 자리는 동굴이다
캄캄한, 들여다볼 수 없이 적막한
거기, 햇살 한 자락 떼어다 걸어둔다

언젠가 강물에 온몸을 빠뜨린 적 있다
살이 썩고 피가 마르면서
펄펄 신열이 온몸을 휩쓸면서
입술이 사막처럼 황폐해지면서
물집이 잡히면서 나는 꼬장꼬장 잘 말라갔다
북어처럼 딱딱해졌다

뼈가 중심을 잃어가면서
동굴 같은 어둠이 깊어지면서
중심이 무너지듯 와르르 흔들렸다
분화구처럼 검붉게 타올랐다
단단히 벽을 움켜잡아도 흔들리는 잇몸
마침내 턱뼈가 함몰하면서 캄캄한,
들여다볼 수 없는 동굴이 생겼다

메꿔도 흔적만 남는,
저 캄캄한 자국
지울 수 없는 내 몸의 상처 하나

김 주 관

궁금한 언덕

장안공원에서 홰나무를 본다.

오래된 툇마루의 시간이 걸어온다.

홰나무 장터 주막거리에는, 달개비꽃을 빼닮아서 밤이면 예뻐진다는 누이가 있어, 소문은 누군가네 울타리에 열리고, 빨랫줄에 걸린 가지색 꽃물이 조바심을 풀기까지 혹자는 봉다리꽃 저녁 바람을 의심하거나, 토란 잎에 구르는 물방울을 탓했고, 노인네들은 논배미 그득했던 우렁이의 간밤 행적을 자신들의 깊숙한 눈매에 두고 있었다. 뭉게구름의 속내라든가, 툇마루에 눌러앉은 소문을 말할라치면.

홰나무 허리춤이 휑하다.

앙상한 늑골 사이로 불혹을 넘긴 반백의 소년이 지나간다.

시끌벅적한 소녀들을 배경으로 누이의 단발이 언덕을 넘는다. 흙담 마당에는 오도 가도 못 하는 시간이 수런거리고, 반벙어리 담쟁이는 문설주에 달라붙어 그 시절을 불러댄다. 허벅지 단단했을 저 그루터기 언저리, 허리를 갉아먹은 그늘이 홰나무 등짝 같던 한 시절을 베고 길게 눕는다. 그에겐들 마음 끌리던 언저리 하나쯤 왜 없었을라고.

공중전화

등 떠밀려 실업으로 거덜 난 가장家長
거리에 나앉기는 너나 나나 매한가지
더 이상 비굴해지지 말자.
납작 엎드리거나 웅크리지도 말자.
이쯤에서 내동댕이쳐지고 버림받았으면
세상인심에 동정이나 눈칫밥 구할 일 아니다.

씹어 뱉어 후련한 말이 있거들랑
공원 산책 따위는 집어치우고 면전에 퍼붓거라.
머리끄덩이, 귀싸대기, 암캐나 수캐, 세상의 모든 악마
너의 전성시대, 청춘의 불길이 끓어넘칠 때
먹기 싫은 세상 욕 배터지게 먹었는데
찬밥 신세는 아니지, 아닌 거다.

거미집 점포라도 차릴 일이다.
애초부터 수금 사원 팔자였다지만
아무리 호구지책이라지만
전국구 미주알고주알 영업망을 꿰고 있던 솜씨 아니었나.
하늘빛 레인코트에 훤칠한 키, 묵직한 매너

명함 하나만으로도 든든한 살림 아니었나.
한밑천 깔고 앉았던 셋방이 아니었나.
그리고 지금,
너와 나는 여기에 있다.

자벌레 한 마리가 웅크렸다 폈다를 반복한다.
점점 거리가 좁혀진다, 몸을 타고 오른다.
오차 없이 숫자를 눌러가듯 정확하고 일정한 몸놀림이다.
혓바닥을 빼문 저녁 해가 동거를 꿈꾸는 동안
0.5칸 쪽방 점포에 손님은 오지 않는다.

임 경 묵

우산 수리 전문가

등굣길에 비가 온다는
우산 수리 전문가의 예언이 적중했다
그가 우산을 건네자
끝말잇기를 하듯 빗방울이 떨어진다
엊그제 비를 맞으며 나와 함께 등굣길을 나섰던 우산 한 개가
아직 돌아오지 않았다고 그가 조심스레 말을 꺼냈지만
나는 언제나처럼
그의 말을 한 귀로 듣고 한 귀로 흘렸다

그는 날마다 고장 난 우산을 수거하고
그는 날마다 고장 난 우산을 수리한다
그가 수리한 우산의 팔구십 퍼센트가 나를 위해 쓰였다

한번은 다저녁에 예고도 없이 소나기가 퍼부었는데
당황한 우산 수리 전문가가
빗속을 뚫고
학교까지 나를 찾아와 불쑥 우산을 건넸다

비 맞고 다니지 말아라

돌이켜보니,

배후에 우산 수리 전문가가 있었기 때문에

나는 이 우울한 세계에서

비 한 방울 맞지 않을 수 있었다

저녁상을 물린 우산 수리 전문가가 툇마루에 앉아

구름의 방향과 색깔을 살피고

바람의 냄새를 맡는다

새로 수리할 우산을 펼쳐 빙글빙글 돌린다

작년보다 잔고장이 더 많아진 그가 우산에 가려 잘 보이지 않는다

일기예보에 내일 비가 올 확률은

팔구십 퍼센트.

하모니카를 불어주세요

아버지가 툇마루에 한갓지게 앉아
하모니카를 붑니다
입술이 잘 미끄러지게 하모니카에 침을 쭈욱 바르면서
도—레—미—파—솔—라—시—도
도—시—라—솔—파—미—레—도
두 손으로 하모니카를 포옥 감싸고
입술을 오므렸다 폈다 하면서
풍잣 풍잣
리듬을 넣었다 뺐다 하면서
풍자자 풍잣

백마강 달—밤—에 물새—가 울——어
풍잣 풍잣

아버지 태어난 곳은 연기군 남면 양화리 66번지
행정수도가 들어선다고
집도, 집터도, 뒷간도, 뒷간 옆 돼지우리도, 뒤란도, 정구지 밭도, 장독대도, 장독대 옆 고욤나무도 다 사라지고
주소만 새로 얻어

세종시 연기면 세종리 66번지
옛날 옛적 강경의 새우젓 배가
부여에서 백마강과 반갑게 손잡고
공주로 거슬러오다가
장남 평야 끄트머리
앵청이나루와 만나던 곳

냇—가에 수양버들 춤추는 동—네, 그 속에서
놀던—때가 그립습니—다
풍자자 풍잣

아버지, 내일 일찍 저하고 보청기 하러 대전에 가야 하니까
오늘은 그만 주무셔

툇마루 모서리에 하모니카를 탁탁 털고
가래 한번 뱉고
두 눈 지그시 감고 다시 하모니카를 부는 아버지

풍잣 풍잣

밤 깊은—마포종점 갈 곳 없는 밤—전차
비에 젖어 너도 섰고
갈 곳 없는—나도 섰——다
풍자자 풍잣

아버지, 비 와요?

최 은 묵

화이트데이

당신은 여름을 지웠고 나는 가을을 믿지 않았다

나는 오늘을 살고 당신은 오늘만 산다

어제 당신의 손가락엔 몇 개의 잎이 달려 있었죠 비가 내렸다면 내가 당신을 찾아왔을 텐데요 그런데 당신의 이름이 뭐죠 혹시 어제도 똑같이 물었나요

손끝을 따라 그을린 하늘을 본 기억은 오늘이다 하체가 지워진 당신이 방긋 웃었다

그래도 아직 손과 얼굴이 남았잖아요 내 이름은,

바람이 불었다 상체만 남은 당신의 빈 다리로 여름이 지나갔다
비 오는 수요일은 어김없이 목요일 다음에 왔다

오른손이 지워지지 않게 오늘 밤은 당신 손을 잡고 잘래요 내일 아침에도 상자를 열고 새로운 머리로 바꿔야 하거든요 왜 내 손에는 항상 수정테이프가 들려 있는지 모르겠어요 근데 당신

이름이 뭐죠?

당신은 여름을 지우며 울었고 나는 가을에 속았다

내가 사는 날은 오늘이고 당신은 오늘만 산다

그러니까 어제 지워진 당신은 어디로 간 거죠 거기에 날짜가 적혀 있나요 당신의 이름은 실루엣인가요

내 귀에 무슨 말인가를 했으나 잠결이라 듣지 못했다 이름을 말한 것 같기도 하고 수요일인 내일 비가 내린다고 했던 것도 같다

라면찌개김치사리

메뉴를 바꿨죠, 빈 플랫폼으로 강물을 끌어오듯 냄비를 탐색할래요

목욕물을 데워줘요 면발 약한 기차는 어떻게 삶나요

발가락에 낀 반지로 육수를 내고 헌법을 갈아 수프를 만들어요 우리의 이빨은 도덕적인 밤보다 튼튼하니

쫄깃한 연애는 비법이죠

검정 세단이나 푸른 트럭이나 똑같이 둥근 밤, 싱거운 막차를 보내고

허겁지겁 밤길을 꼬아 라면을 끓여요

도발적으로 찢은 김치를 추가할게요 한 끼만 먹고 떠난 종이 비행기는 잊고

콧등에 얼큰한 땀 맺히도록 젓가락을 돌려요

순서를 뒤엎어도 뜨거움은 엉켜 있죠

찬밥 한 덩이 가져올까요?

이 사 랑

붉은머리오목눈이

묵정밭에 터 잡고 사는 뱁새가
새끼들 날갯짓을 가르치고 있다

아가야, 어서 날아라 날아보아라
가장, 제일, 최고가 아니어도 괜찮다
황새 뻐꾸기 갈매기나 기러기처럼
더 높이 더 멀리 날지 못해도 괜찮다
잘나고 똑똑한 사람만 산다면
이 세상 무슨 재미가 있겠니
겁내지 말고 날아라 아가야

살기 위하여 마라강을 건너는 누우 떼처럼
둥지를 날아가다, 바닥으로 떨어지는 새끼들
고양이가 재빨리 낚아채어 달아난다
그 뒤를 쫓아가며 보았다
필사적으로 쪼아대던 어미의 눈물을

아무리 느려도 시작만 하면 반은 간 것이다
아무리 작은 걸음이라 할지라도

한 발 한 발,
발을 떼어 옮기지 않으면 앞으로 나갈 수 없단다

걸어가는 내 뒷모습 보면 영락없이 눈물 난다던
오롯한 당신

어둠 속에 개켜둔 분장을 거풍하며
— 킬리만자로

거꾸로 시간을 돌려놓고
거꾸로 가는 기차를 타고
거꾸로 쓴 시를 읽는다

자연의 섭리를 품어주는 나는 휴화산
세상의 볼 꼴 못 볼 꼴 다 보았고 보고 있다
그러나, 분노를 못 이겨 폭발하지는 않겠다
누구도 내 침묵 앞에서
큐 하고 외치거나 클랙슨을 누르거나 간섭하거나
함부로 가속페달 밟지 마라

해와 달과 소통이 가능한
별들도 야생으로 숨을 쉬는
하늘과 가까운 그곳으로 가고 있다
뽈레뽈레*

---

* 뽈레뽈레 : 탄자니아어로 '천천히'라는 뜻

송과니

검정 비닐봉지와 밤비

이륙과 착륙 사이에 밥집이 있다는 말
지구는 빗물이듯 삼키곤 한다.
그에 대신하여 검정 비닐봉지는
입술의 시간으로 채운 자기를 뒤집어
제 안에 적힌 지구 쏟아내려 할 때
그 사이 그걸 눈치챘던 것인가.
먹지 않는 일이 먹는 일인 먼지의
시간은 쥐도 새도 모르게 이륙했다.
하지만 소문난 식탁의 세계로부터
그럼에도 착륙한 입술의 시간은 밥집
길로 그 골목길로 내달린다. 그때
어느 모퉁이 음식 쓰레기통 뚜껑에,
〈길고양이는 길을 소유하지 않는다〉
일기장이 담긴 검정 비닐봉지를 먹다
버린 지구 덩어리다 하고 물려놓고
고양이는 마구 헝클어진 머리카락
산발한 모습의, 밤비가 되어 쏟아진다.

가리사니

모든 마음은 늘 젖어 있어야 한다. 사람의 바다는
항상 파도에 젖어 있으므로 더 깊어지고
더 깊어지되 그만큼 새파랄 수 있는 것이다.

하지만 날뛰어라 하는 것은 아니다.
변덕의 나라 대지 위를 길 잃지 않는
물의 촉수 세우고 조심조심
나직하게 기어 다녀라 하는 것이다.
그럼에도 불구하고, 저쪽으로 흘러가도
해안, 반대쪽으로 달음박질쳐도 해변,
그런 곳에 살게 한다 하여
일렁이고 울컥거리는 아주 껄렁껄렁한
물의 광야인 것이다, 바다는.

그러므로 노래가 타오른다.
타오르는 태양과 솟구치는 달
그다음에 존재하는 고독이 지은 것
인생이라는 노래 속으로 들어가기 위해 등대는
불 꺼지지 않는 영혼의 배를 타고 깨달음이라는
깊고 높고 먼 파도 위를 항해해야 한다.

삶이란 것은 구멍 그물 던지는 행위인 것.
지금까지 내 구멍은 나 자신이었다.
내 구멍으로 빠져나간 수많은 나에게
물리고 뜯겨 늘어진 그물 구멍 다시 좁아지게
손질하여 물 좋은 희로애락 낚는 동안
기우뚱거리고 꿀렁거리는 선상,
나는 인간인가? 나는 인생인가?
바다는 끊임없이 일렁인다.
바람을 뒤로 밀어버리자 뒤로 자빠지는 물살.
그럴수록 서로 더 집착하는 바람과 물살.

떠도는 영혼들로 출렁거리는 우주
저 으슥한 고래별자리로부터 떨어진
내 작은 등에 어둠을 모태로 한껏 자라난
자체 발광의 피가 흐르는 푸른 태양
태우기 위한 일이라면 등대는 별이
빙빙 도는 멀미 기꺼이 불러 품을 것이다.

이 시간은 넘어서면 다른 저 시간이다.
한 줄기 초승달처럼 휘돌아 굽은 등이 근사한
새우잠 밖으로 기어 나온 새우가 두런거린다.

인면어人面魚는 날렵하고 미끄러운 지느러미
가졌다. 내 구멍을 빠져나간 것들, 꿈들,
사랑들, 태양들, 달들, 별들, 그 비린내들.

그렇다면, 나는 어디로부터 떨어진 무엇인가?
밤새 떠돈 별들의 비늘을 벗기는 시간.
날개 씻지 못하는 갈매기로부터 하르르 쏟아지는
비릿한 공기 헤적이던 등대가 이정표처럼
솟은 새벽달을 부싯돌 삼아 일출 켠다.

인간은 인생이라는 밥 짓는 종
죽을 때까지 불 때는 작업을 하는 것.
여전히 어리둥절해하는 지구를 향해
우주가 불타는 자기 심장 태양을 꺼내 보인다.
굶주려야 불탄다. 배고파야 타오르고
또 타오른다. 불 때는 종이여.

다시 아침이다. 또 하루다. 살아남아야 한다.
날아든 갈매기가 다른 바다에게로 날아가 버릴까,
바람과 물살이 서로 마음 밀착 포갤 하루.
달과 달무리가 한 침대에 든 간밤 잠자리

이불 개키는 모습으로 몰려오는 밀물과 그 물살,
창이 열렸으니, 바람은 일렁이며 내지른
물의 숨소리 젖은 이불 널어 말려야 한다.
오늘 밤 묵어갈 썰물의 숨소리 덮어주어야 하므로
한번 일어난 아픔은 절대 눕지 않는다.

눕지 않는 노래로부터 바람이 분다.
바람이 불어 노 젓는 갈매기 날개가 타오른다.
울렁거리는 마음은 대지 위에 깊어진 바다
부어댄다. 이 시간은 넘어서면 다른 저 시간이다.
감히 절망 따위로도 그물을 정지시키지 마라.
이제 섬은 높새바람 길쌈하여 돛 지어 달고
싱싱한 숨소리 만선 낚아 올리기 위해
저 푸른 별 바다 은하수까지 어로에 나설 것이다.

다시 노래가 타오른다. 늙은 어부의 기침 소리
바다와, 펄떡이는 꿈들 사랑들 별들 달들
그 비늘들 매일 짓는 물과, 눕지 않고 가슴 뛰는
물결 사이에 선 목마른 바람
노래가 이 시간 너머 저 시간으로 타오른다.

산다는 것은 목이 마르는 일.
바다는 물의 광야. 물의 환유인 인류.
세상은 생사의 광야.
생은 또 하나의 사. 사는 또 다른 생.
생은 사의 분신. 사는 생의 분신.

떠도는 영혼들이 일렁이고 울컥거린다.
이 껄렁껄렁한 광야에서
나는 인간인가?
나는 인생이다!
그 답장 생사에게
부치려 물은 바람을 끊임없이 끌어들이는 것이다.

바람 불어라. 가슴 뛰어야겠다.

홍 순 영

문

팔이 늘어난다
당신에게 닿기 위해 자라나는 팔, 손가락, 손톱들

손잡이에 손을 얹듯
당신의 살에 손을 대면 마치 문을 노크하는 느낌

들어가도 됩니까

어둠이 활짝 피고 나면 어둠은 다시 오지 않는 건지 묻고 싶어서
수련이 피면 여름은 만개하고
수련이 힘껏 다 피고 나면 여름은 꽃 그림자를 끌고 자신의 무덤으로 간다는데
그곳에서 잠깐 졸다, 당신 목소리를 귀에 걸고 밖으로 걸어 나와도 됩니까
늪 같던 초록 웅덩이가 잿빛으로 내 발자국을 덮는 걸
돌아보지 않아도 될까요

미끄러지듯, 혹은 주춤거리며 스치는 손가락 끝에서
때로는 어두운 목소리가

때로는 명랑한 목소리가 마중 나오지만
문이 열리기 전, 나는 돌아서고 마는데
앞으로 내달리는 동안
밖이 아닌 안으로 달아나는 것 같아 나는,
문득 멈춰서면 그때야 문 닫히는 소리
내가 다시, 당신을, 열어도, 됩니까
대책 없이 길어진 팔과 손가락을 그만 여며도 될까요

파과破果

낙타 혹처럼 솟아오른 상자와 잡동사니에 가려 보이지 않던 그녀는 내가 리어카를 앞질렀을 때 불쑥, 녹슨 호미 같은 얼굴을 내밀었다

불현듯 너무 빠르거나, 너무 긴 유효기한에 대한 의심으로 농익는 하루

그녀는 일찌감치 냉장고에서 버려진 것일까

차량 소음을 차며, 바닥을 밀치며, 분명 앞으로 내닫는 걸음인데 그녀의 어딘가 한구석이 뭉그러진 듯, 도로 위로 시큼한 오후의 그림자 따라붙는다

심 강 우

적소단장謫所短章

— 골방에서

시를 쓴다고 방을 나가지 않은 날이 많았다
걱정하는 사람의 말이 달개비 꺾이는 소리로 번졌다
더러 내가 흩어놓은 말들이 구름을 이루고 떠돌다
한낮의 소나기로 다녀갔으나 처마가 깊어 젖지 않았다
한갓되이 울 밖의 소문에 귀를 담그지 않으리
온몸의 감각세포가 문풍지가 되어 달빛만이 우련했다
문고리 거는 기척에 모시나비 한 마리 기웃거리다 가고
내 속을 훑은 기억들이 뒤란의 동백으로 붉어질 때
삿갓을 닮은 섬에서 글을 썼다는 당신을 생각하곤 했다
당신 역시 붓을 들었을 때는 풍향風向을 묻지 않았으리
하늘은 당신의 뒷머리를 누르고 당신은 당신의 정신을 깊이 눌렀으리
밤낮 당신의 호흡을 필사한 후박나무가 푸른 소매를 흔들고
바늘땀 뜨듯 골무꽃은 자색 무릎걸음으로 안부를 물었겠지
내 방 주위에서 파도 소리가 들린 건 우연이 아니다
오랜만에 문지방을 넘어선 순간 다리가 후들거렸다
내가 선 곳은 벼랑 끝이었다 섬 둘레는 출렁이는 수평이었다
나는 좀 더 수직을 유지하기로 했다 내가 버린 시어詩語들이
수평의 검은 수위를 높였다 물살이 되어 아프게 섬을

철썩거렸다 이대로 섬이 잠겨도 좋다고 생각했다
먼 훗날 파도가 그치고 바다가 육지가 되고 내가 살던 방이
검은 지층이 되었을 때 우연히 닿은 어떤 인연이
퍼렇게 박힌 시집 한 구를 발견해도 좋다고 생각했다

통영의 사랑

통영에서는
계절도 걸음을 늦춘다
여태 골목을 배회하고 있는
지난겨울 이야기
강구안엔 파도를 잊은 갈매기들
중앙시장엔 내일을 잊은 여행객들
동피랑 벽화에서 걸어 나온
울긋불긋한 발길에 저녁이 물들고
항구의 불빛에서 번져 나온
설레는 가슴과 가슴들이
해안으로 걸어가 바다와 통성명할 때
에도는 그리움은 통영의 손짓
은비늘 같은 이름은 통영의 눈짓
잊힌 사랑은 잊힌 대로
생긴 사랑은 생긴 대로
꽃잎처럼 하늘거리는 통영의 봄
보이는 집들마다 우체국 같아서
만나는 사람들마다 시인 같아서
어디서건 붉은 노을 두어 채 끌어다 놓고

소주잔을 기울이고 싶은 통영의 마음
봄인 듯 속삭임인 듯
가만가만 취해가는 통영의 사랑

이 병 일

신보트피플*

전세와 월세의 난은 이길 수가 없으니 목줄 잡힌 집에 걸려 넘어진 자들은 이제 물 위에 낮과 밤을 세운다

67㎞의 템스강이 흐르는 런던에서 와탈된 것은 뭍에 두고 온 의식주이지만 되레 걱정할 필요는 없다 알량한 보트와 160㎞의 운하는 아주 작은 불면증을 앓고 있으니까

강물이 데리고 산책하는 불빛은 아름답지 않고 빨갛게 출렁인다 우리는 이곳저곳 기웃거리는 물거품이 아닐까 별별 쓰레기들이 밀려 나오는 강변, 염라대왕보다 무서운 것은 집 없는 비애가 아니다 결별할 수 없는 정화통을 손수 비우는 일

이제 물고기들은 보트를 피해 발버둥 치고, 우리는 강변에 정박하기 위해 쓰레기와의 전쟁을 벌인다 잠시 직립의 자세를 잊고 아가미와 물갈퀴 달린 인어를 생각한다 잠 속으로 물멀미가 쏟아진다

* 막무가내 치솟는 집값 때문에 보트에서 생활하는 이들을 '신보트피플족'이라고 부른다.

산양의 밤

천둥이 치고 벼락이 쏟아져도 못 오를 벼랑은 없다
나는 산양이니까, 소금에 환장하는 뿔이니까

소금을 물고 서 있는 절벽은 빗물에도 녹지 않는다
발굽 달린 것들은 소금의 역사를 기록하지 않는다
나는 오직 발굽과 피와 심장과 근육이 절멸될 때까지
목젖까지 까맣게 휘말린 혀로 미네랄을 발라 먹는다

소금을 찾는 이 밤은 끝이 없어서 그냥 희다
종말 없는 세계, 나는 또 발굽으로 허공마저 들어 올린다
공중에 떠 있는 소금의 젖을 빤다
힘줄이 숨을 불어넣고 낱낱이 샅을 세운다
몇천 굽이로 휘어진 계곡 따위야 저승이지만
나는 몇 바퀴 돌고 왔는지도 모른다 다만
어금니와 곧은 발굽이 갈리는 시간과 내통 중이다
소금은 텁텁한 해초 맛인데 나는 달게 삼킨다
그때 털 가닥 일으키는 힘줄이 발굽의 지형을 바꿔준다

이제 나는 산양의 밤하늘과 접붙는다
대기가 감춘 백만 년 묵은 소금 절벽으로 들어간다
어두운 먼지에 불과한 것을 핥으며 나는 불멸을 꿈꾼다

박 형 권

변기통을 높이 모셔두고

희업이가 반지하의 내 방에 오는 날
며칠째 눈이 내릴 거라는 일기예보가 맞지 않았고
찔끔찔끔 비만 내렸다
그해 서울에서는 눈 구경 한번 해보고 싶어서
개들도, 널어놓은 빨래도, 전철역 공원의 마로니에 나무도
하나같이 환장해 있었다
상봉역 4번 출구를 두더지처럼 희업이가 기어 올라와도
눈이 내리지 않았고
잘 풀리는 집이라는 화장지를 사서
지하 단칸방에 던져 넣어줄 때도 눈은 내리지 않았다
나는 손님 대접하느라고
소가 엎어졌을 때 제일 먼저 땅에 닿는다는 업진살을 사서 구웠다
그렇다고 미끄러운 세상에서 몇 차례 엎어진 우리가
다시 엎어질 일은 없겠지만 인생에서는 항상 술이 문제였다
나는 술을 마시지 못해서 '문학은 왜 비극이어야 반타작을 하는가?'로
열 내며 고기 익기를 기다리는 사이
희업이는 1.6리터짜리 맥주를 두 병이나 마셨다

요도가 짧은 희업이는 화장실을 들락거렸고
드디어 신비스러운 상황을 직면한 것인지
— 변기가 왜 그렇게 높게 있는 거지? 용상에 앉은 기분이야
희업이는 지하방 사는 사람들이 변기통을 높이 모셔두고
때로는 넘칠까 받들고 사는 걸 모르고 있었다
아직 대한민국의 문학은
지하방의 변기통 뚜껑을 무릎 높이로 낮추는 기술력이 없다며
나는 엎어진 고기에 싸락눈 같은 소금을 뿌렸다

가스토피아

찬 바람 부는 자가용들이
지표면에 붙은 우리 방 창틀에
사랑하지 않으면서 입김 불어 넣는다
좋은 말로 입김이지
보리방귀 까 넣는다
보리방귀 아깝다, 똥방귀에 안하무인방귀다
등줄쥐처럼
아내와 딸 아들이 오글쪼글 쪼그라들어
환기와 난방을 동시에 떠맡은 창틈으로
코 고는 소리를 내보내는 시간
아직은 더 자두어야 고단한 아내와 딸이
산소 미인이 된다
폐활량 큰 출근길에서 심호흡할 수 있다
식구가 식구의 입김을 교환해야
내일이라는 난기류에 인생을 띄울 수 있다
—오늘도 같은 방에서 만나는군
살가운 말이 조금씩 뒤챌 때
시꺼먼 개인의 자유가 쏟아져 들어온다
개나발이 들어온다

문을 열자니 도시가스가 아깝고 닫자니 새벽 공기 그립다
똥 매너의 차 주인을 조용히 타이르려고
지상으로 향하는 문을 연다
지상에 닿기도 전에
아, 겨울 하늘이 질식하고 있다
차 한 대 굴려보지 못한 가장들의 계단 끝에서
시동을 걸어둔 채 서울이 숨을 거두고 있다
어찌하여 새벽부터 줄초상이냐
안 보이던 굴뚝새가 차 똥구멍으로 들어간다

하 수 현

붉은 사슴들이 숲의 심장으로 뛰어들고

— 환상의 숲

1

숲속을 휘돌고 있는 파르스름한 기운에 대해 숲 아래 사람들은 잘 모른답니다 붉은 사슴들이 숲의 심장으로 소리 없이 뛰어들고 나무 집 뒤 물푸레나무들 사이로 은밀한 바람이 드는 걸 그대 아시나요

숲속에 작은 초록빛 연못이 생긴 건 오래된 일이지요 연못 언저리에 튼실한 부들들이 초병哨兵처럼 항시 서 있고 어디에선가 끊임없이 피어나는 수상한 안개 행렬은 스스로 백발白髮을 풀어 주변을 감싸준답니다

나를 에워싸고 있는 알 수 없는 힘 때문에 나는 이 건강한 나무들의 세상 안에서 세상의 모든 기억을 잠시만 잊어두기로 한답니다 잊으면 절대 안 되는 것들이라며 늘 손에 꼭 쥐고 있던 것들도 어차피 이 숲에 들면 나도 모르게 다 잊어버리고 말아요

그러니 한번 생각해보세요,
도대체 숲속에서 무엇이
견고한 진리가 될 수 있겠어요

2

이 숲을 아는 사람들이 노란 수선화를 숲속에서 몰래 키우는 일과, 청춘의 나비들이 주변을 이미 점령하고 있는 걸 나는 다 알고 있지요 숲을 찾아오는 사람들은 숲이 안고 있는 어떤 신비와 비밀들에 대해 너무 신경 쓸 필요는 없답니다

숲길을 걷고 있는 당신을
끝없는 황홀경에 빠지게 하는 일도
그 책임은 오로지
처음부터 이 숲에 있답니다

환상의 숲이여, 안일한 내 일상을 보거든 언제든지 나를 깨워주어요 잠자고 있는 내 꿈을 보거든, 날개 접은 벌레마냥 내가 움츠린 때를 보거든 나를 무조건 흔들어 주어요 숲에서 숨 쉬고 있는 새벽이슬이여, 여름 안개를 탄 채 항시 내 영혼을 주시하는, 살아 있는 숲의 눈동자여

연립 국방부

이 나라는 정부의 국방 부문을 떼어 내
민간 군사기업인 디펜스앤웨폰사Defense & Weapon社에
운영을 위탁했다 디펜스앤웨폰사는
위탁받은 업무 중 다시 일부를 떼어 내
정부 쪽에 도로 위탁했다
각자의 위탁 사유는 오로지 비용 절감이었다

이리하여 정부의 국방 부문은
정부와 민간 양자兩者가 복잡하고 기묘하게 융합돼
도대체 누가 주체인지도 모호해졌고
국방부는 사실상 연립 국방부가 되어버렸다
그 바람에 연립 정부라는 말의 개념도
이제는 전면 수정을 검토해야 할 필요성이 대두되었다

정부는 평소에도 책임 회피를 잘하는 선수選手인데
앞으로도 책임 회피만은 더욱 용이하게 할 수 있게 되었으니
정부로선 아주 기쁜 일이었다
이러한 방식이 과연 업무상 효율성을 지니는지
혹은 역사의 발전으로 이어질 수 있을지
그것을 분석하는 일 또한 결코 쉬운 일이 아니었다

장 유 정

그가 돌아왔다

겨울잠을 준비하는 동물들은 제 몸이 저장 창고다. 키 넘은 나무들 빽빽이 밀생하는 주위는 고대 동굴 속처럼 음침하다.

오늘 움푹한 굴 하나가 한 마리 곰으로 배를 채우고 겨울잠에 든다.

겨울 동안 굴은 곰의 심장을 빌려 낮은 숨소리로 잠을 잘 것이다. 무릎 위에 턱 괴고 생각에 잠긴 듯 가슴팍에 흰털무늬 드러나 있다. 풀섶 길쭉한 턱엔 솜털 보송보송 나 있다. 블루베리 산딸기 연어의 계절 따뜻한 극지가 잠들어 있다.

바람 잠든 숲은 거대한 포식자처럼 어금니 치열을 고른다. 주둥이 짧은 여름풀이 긴 혀로 바다풀처럼 떨고 수염 깎듯 팽팽하게 살 오른 아래턱 쓰다듬는다.

블루베리가 익는 들판과 꿀이 잉잉거리는 벌집, 파닥거리는 강이 흐른다. 나뭇가지 헤치면서 앞으로 다가오는 서리안개 보듯 온몸 진땀 범벅되고 숨이 턱에 닿을 때마다 굴 안의 침묵은 한결 무게를 줄이는 중이다.

햇살 머리 위에서 쏟아진다. 오랫동안 희고 푹신한 이불 덮고 잠에 빠졌던 극지가 그 큰 덩치를 조금씩 들먹거리며 기지개를 켜기 시작했다.

곰이 돌아왔다.

목독木牘

숲 안쪽 딱딱거리는 소리가 나무에 붙어 있다
날카로운 부리가 들어 있는 소리
소리는 점점 둥근 모양으로 변한다
둥근 구멍을 내는 소리의 모양을 보고 들었다
나무의 한 쪽을 헐어내는 작업
가지마다 돋아나는 획 같은 나뭇잎들이 떨린다
긴 부리를 넣고 다니는 날개의 공구통

그늘천막이 펼쳐 놓은 나무 둘레에
흰 목질의 파편이 쌓여간다.
지금 느티나무에 딱따구리의 서각이 한창이다
나무 한 그루에서 둔탁한 소리들을 다 빼내고 나면
그 자리에 부드러운 둥지가 들어설 것이다
공명으로 파놓은 둥근 집

서각은 나무의 공명만 남겨 놓고 옆의 표면을 긁어내는 일이다

훗날 나무에 귀를 대면 털 없는 허기가 들릴 것이고
더 훗날 새끼들 다 날아가면

구겨지지 않는 흰 목질에 조류의 문자가 새겨져 있는
나뭇조각들이 낙하할 것이다

부리로 새긴 목독木牘
저 소리 다 그치면 글자들은 조용한 페이지를 얻는다
딱딱거리는 비문
나무의 목덜미에는 흰색의 눈썹 무늬의 문양이
고여 있는 바람의 소리로 새겨져 있다

변영로, 민족정신과 근대적 감각의 시인

오세인
문학평론가

1. 민족의 시인 변영로

수주 변영로는 대표작 「논개」와 함께 '민족정신'을 노래한 시인으로 잘 알려져 있다. 교과서에 실린 「논개」가 변영로를 '민족의 시인'으로 만든 결정적 계기가 되었지만 그가 식민지 시기에 보여준 굽히지 않는 정신 또한 그의 시를 '민족정신'의 발현으로 이해하도록 만들었다. 그러나 변영로의 시를 '민족정신'에 초점을 맞추어 연구하는 관행은 오히려 그의 시가 가지고 있는 수다한 장점들을 가리는 부작용을 낳기도 했다. 시집 발간을 전후로 1960년대까지 변영로 시의 특징으로 종종 언급되었던 '언어'와 '기교'는 이후의 연구가 '님'으로 표상되는 '민족정신'(관념)에 집중됨에 따라 크게 주목을 받지 못하고 있다. '민족정신'(관념)에 대한 과도한 집중으로 인해 '언어'와 '기교'에 의해 드러나는 '대상'의 감각적 형상화라는 측면이 소홀히 다루어져 온 것이다.

실제로 첫 시집 『조선의 마음』(1924) 발간 이후 변영로에 대한 평가는 언어, 기교, 감각의 우수성(형식)과 민족의식의 표출(내용)로 요약될 수 있는데 민족의식보다는 '기교'가 더 많은 주목을 받았다. 김기진은 변영로의 "신경이 전부 「언어」에 집중되여" 있으며 "예민한 시각"을 가졌는데 특히나 "색채에 대한 시각이 밝다"고 언급한다. 백철은 "수주 변영로는 처음부터 기교에 중점을 두고 어구의 선택과 연마에 시인의 재능을 보인 시인"이지만 "이 시대의 시인이 민족적인 것과 떠날 수 없었던 만치" 변영로도 그러했다고 언급하며 「논개」를 인용한다. 김윤식은 「논개」의 분석을 통해 "고도의 기교로써 관념을 감각화하는 방식"을 증명해 보인다. 김영민 또한 「논개」가 "수주의 우국적 민족의식과 시어와 시형이 매우 적절한 조화를 이루며 쓰여진 작품"이라고 평가한다. 이렇듯 1960년대를 기점으로 변영로 시에 대한 평가의 중심축이 기교와 형식에서 민족정신이라는 관념으로 이동한다.

이후 변영로에 대한 대부분의 연구는 '민족정신'이 시를 통해 형상화되는 양상을 밝히는 데 초점을 맞추어 왔다. 물론 「논개」를 비롯한 그의 시가 '민족정신'이라는 '관념'에 구체적 형상을 부여하려 했음은 부인할 수 없다. 그러나 변영로는 '식민지'로부터의 해방이라는 '집단적 요구'와 '근대시'와 '근대 주체'의 형성 및 발전이라는 '개별적 요구'가 충돌하면서도 맞물렸던 1920년대를 배경으로 활동했다. 따라서 변영로의 시 세계를 '민족정신'이라는 '관념'의 형상화로 규정할 때, 그의 시에 나타나는 언어와 기교, 감각과 같은 근대성의 편린들을 밝히기는 더욱 어려워진다.

그러므로 앞으로 '민족정신'과 함께 변영로의 시에 나타난 대상의 감각적 형상화 양상을 밝힘으로써 1920년대 시사詩史에서 그의 시가 차지하는 위치를 재정립시킬 필요가 있다. 이를 위해서는 '감각'이 '민족정신'이라는 '관념'은 물론 시적 대상을 인식하고 형상화하는 '매개'의 역할을 했음을 작품 분석을 통해 규명하는 작업이 우선되어야 있다.

2. 민족정신의 감각적 형상화

1920년대 초반 대다수의 시인들은 시대의 좌절과 절망을 '죽음'이라는 '관념'을 통해 노래했지만 '관념'을 구체적 언어로 형상화하지 못했다는 한계를 갖는다. 이들의 '관념'과 변영로의 그것을 구분시켜 주는 것은 「논개」 등의 작품에서 변영로가 '관념'에 보다 구체적인 형상을 부여함으로써 수사적 차원에서 '감각적' 구체성을 확보했다는 사실에 있다.

첫 시집 『조선의 마음』은 제목과 '서문'을 대신한 시에서 알 수 있듯 '조선의 마음'으로 표현되는 '민족정신'의 부재를 노래한다. 부재는 주체로 하여금 대상에 대한 욕망을 더욱 강화하는 동시에 지향 대상을 숭고하게 만든다. 그러므로 대상의 부재는 대상을 '숭고한 존재'로 전화轉化시켜 주체의 지향 의지를 강화시키고 시적 감정을 고양시킨다는 점에서 일종의 전략으로 볼 수 있다. '조선의 마음'을 어디에 가서 찾을 수 있느냐는 질문을 반복함으로써 추구하는 대상에 대한 절실함을 드러낸다. 그러나 주체가 찾는 '조선마음'은 땅속에도, 지상에도, 하늘에도 존재하지 않는다. 그러므로 주체는 그것을 '지향할 수 없는 마음'이라고 규정한다. '설혼(서러운)'은 '조선마음'을 규정하는 언어라기보다는 '지향할 수 없'다는 사실의 인식에서 발생하는 주체의 정서일 것이다. 이처럼 『조선의 마음』은 추구하는 대상의 부재로부터 오는 서러움과 절망, 그리고 부재하는 대상을 분명한 '실체'로 감각하고자 하는 주체의 강렬한 의지를 노래하고 있다.

『조선의 마음』에서 변영로는 부재하는 '조선의 마음'을 '님'이라는 추상적 언어로 부르는데, '조선의 마음'이 구체적 형상을 갖기 위해서는 구체적인 '매개'가 요구된다. 변영로는 '논개'라는 역사적 인물을 통해 '님'이라는 부재와 추상의 대상을 보다 선명한 감각적 이미지로 형상화하고자 했다.

거룩한 분로는

종교 보다도 깁고

불붓는 情렬은

사랑보다도 강하다

아, 강낭콩 꼿보다도 더푸른

그물결우에

양귀비꼿보다도 더불근

그 마음 흘너라.

아릿답든 그蛾眉

놉게 흔들니우며

그石榴속가튼 입설

「죽음」을 입맛추엇네!

아, 강낭콩 꼿보다도더푸른

그 물결 우에

양귀비꼿보다도 더붉은

그「마음」흘너라.

흐르는 江물은

기리기리 푸르리니

그대의 꼿다운 혼

어이 안이 붉으랴

아, 강낭콩쏫보다도 더푸른

그 물결 우에

양귀비 쏫보다도 더붉은

그「마음」흘너라!

—「論介」 전문

'님'이 '논개'라는 역사적 인물을 매개로 구체화될 때, '님'은 '논개'의 행위로부터 형성된 '거룩함'과 '정열'을 갖춘 '숭고한' 존재가 된다. '분로(분노)'는 결코 '종교'보다 깊을 수 없지만 임진왜란과 식민지시기의 국권 상실이라는 맥락 속으로 편입될 때 '거룩한' 것이 되고 '종교' 이상의 숭고한 감정이 된다. '情렬(정열)' 또한 이성에 대한 것이 아니라 '나라'와 '민족'을 향한 것이기에 '사랑'보다 강한 숭고한 감정이다. 결단의 순간 흔들렸던 논개의 '아미'는 '놉게'를 통해 개인(기생)의 아름다움의 표상에서 민족정신('조선마음')의 미적 표상으로 고양된다. 죽음을 입 맞추는 고결한 희생이 '石榴속가튼 입설'의 이미지로 생생하게 재현될 때, '관념'은 '감각'적으로 경험될 가능성을 얻는다.

이 시가 '논개'라는 실존 인물을 통해 부재하는 '님'의 존재를 명징한 감각적 이미지로 형상화할 수 있었던 것은 반복되는 후

렴 때문이다. 역사의 흐름은 매년 새롭게 자라 피어나는 '강낭콩 꽃보다도' 더 푸르다. 생명은 지고 다시 자라지만 역사는 그 도도한 흐름을 결코 중단하지 않기 때문이다. 그 역사의 흐름 속에 온몸을 던져 희생한 논개의 마음(정열)은 '양귀비'라는 역사 속 미인의 이름을 빌린 꽃보다도 더 붉다. '죽음'을 선택함으로써 덧없이 사라지는 것이 아니라, 죽음을 통한 부재가 오히려 역사 속에서는 '논개'를 더욱 숭고한 대상으로 존재하게 만든다. 이러한 측면에서 '논개'는 부재를 통해 절대화되는 '님'에 대한 표상이 될 수 있다. 비록 수사적 차원의 '형상'과 '감각'에 그친다 할지라도, 변영로는 '님'으로 상징되는 대상의 부재를 그리는 데 있어, 추상적 관념과 감정의 과잉으로 일관했던 1920년대 초의 시인들과 구별된다고 할 수 있다.

3. 현상의 감각적 형상화

『조선의 마음』에서 변영로 시의 주체는 '민족정신'(관념)을 상징하는 '님'에 대한 감각적 인식을 꿈꾸지만 그것은 현실에서 불가능해 보인다. 그에 비해 시적 대상으로서의 '현상'은 주체가 감각 가능한 현실 세계이다. 변영로는 '현상'에 대한 감각적 이해를 통해 '현상'의 한가운데에서 변화하는 주체의 심리 상태를 보다 분명하게 인식한다. 대상에 대한 감각적 인식과 이의 언어적 형상화는 그 대상뿐만 아니라 인식 주체인 자신에 대한 이해를 촉발시키는 계기가 된다. 그러므로 '감각'을 매개로 미적 실천을 수행하고 이를 통해 대상과 자신에 대한 보다 깊은 이해에 도달하는 변영로 시의 주체는 근대 주체이며 1920년대 시의 낭만적이고 감상적인 주체들과 보다 분명히 구분된다.

따라서 변영로의 가장 뛰어난 시는 '논개'를 매개로 '민족정신'(관념)을 감각적으로 형상화한 「논개」라기보다는 주체의 내면을 감각적이고 섬세한 언어로 표현한 「설상소요」나 「엇던날」과 같은 시들로 보아야 할 것이다. 「설상소요」는 주체의 '비인 마음'을 채우는 눈의 '하얀' 색을 통해 미적 세계와 현실 세계의 관계에 대한 생각을 드러낸다. 변영로는 '눈雪'을 감각하고 인식함으로써 촉발된 정서 상태가 '순수'의 상태에 도달하여 그 감각과 정서의 주체마저 미적 세계로 끌어올리는 과정을 묘사함으로써 시(창작)에 대한 자신의 생각을 보여준다.

곱게 비인 마음으로
눈위를 거르면 눈위를 거르면
하얀 눈은 눈으로 드러오고
머리속으로 기여들어 가고

마음속으로 숨여들어 와서

붉든 사랑도 하얘지게 하고

누르든 걱정도 하얘지게 하고

푸르든 희망도 하얘지게 하며

검든 미움도 하얘지게 한다

어느덧 나도 눈이되여 하얀 눈이되여

奇怪한 曲線을 大空에 거리우며 나리는

동무축에 휩싸이여 나려간다—

곱고 아름다움으로 근심과 죽음이 생기는

「色彩」와「形態」의 世界를 덥흐러.

아름다웁든「폼페이」를 나리덥흔

뻬쓰 쀼쓰 火山의 재가티!

—「雪上逍遙」 전문

외부 현상은 주체가 감각을 열어 놓았을 때 비로소 인식될 수 있다. "비인 마음"은 주체가 대상 세계를 받아들일 준비가 되었음을 의미한다. "눈"이 감각이라면 "머리"는 이성이며, "마음"은 정서 혹은 감정이다. 눈雪은 감각을 통해 유입되고 이성을 통해 눈으로 인식될 때 어떤 정서, 즉 심리적 현상을 촉발시킨다. "붉든 사랑", "누르든 걱정", "푸르든 희망", "검든 미움"은 눈을 감각하고 인식하기 전의 정서 상태이다. 주체가 눈을 감각하고 인식한 순간 주체의 정서는 눈에 의해 그 본원적인 '순수'의 상태로 돌아간다. "하얀 눈"은 긍정과 부정의 정서 모두를 무화시키고 끝내는 순백의 상태로 되돌리는 데서 그치지 않고 감각과 정서의 주체인 "나"를 "하얀 눈"으로 동화시킨다. 현실의 "나"는 내리는 눈의 "동무축에 휩싸이여 나려" 가면서 하나의 미적 대상으로 다시 태어난다. 주체는 미적 세계에 속함으로써 현실 세계의 어둠을 인식할 수 있게 된다. "근심과 죽음이 생기는/「色彩」와「形態」의 세계"는 미적 세계에 새로 출발한 주체가 도달해 덮어야 하는 현실의 세계이다. 그런데 이 시에서 눈으로 상징되는 미적 세계로, 부정적인 현실 세계를 덮는다는 것은 단순히 미화美化하는 것과는 다르다. 그것은 미적 세계와 현실 세계가 단순한 대립 관계로 나타나지 않기 때문이다. 시의 마지막 두 행에서 "하얀 눈"과 "근심과 죽음"의 대립은 "빼쓰 섀쓰 火山의 재"와 "아름다웁든「폼페이」"로 역전되어 나타난다. 순수의 상징인 눈을 공포의 대상인 화산재로, 근심과 죽음의 현실 세계를 "아름다웁든" 역사 속의 도시로 전도시킴으로써 변영로는 미적 세계와 현실 세계는 적대나 미화의 관계가 아니라 뒤섞여 가려낼 수 없는 것임을 보여준다. 변영로는 이 시에서 관념과 현상의 감각적 결합을 시도한 것으로 보인다.

「엇던날」은 햇빛이 만들어낸 무늬의 흔들림(자연 현상)에 대한 감각적 묘사를 통해 '그대'에 대한 '나'의 마음을 표현한다.

어느 찌는 듯 더웁던 날 그대와 나 함께
손목 맛잡고 책이나 한 장 읽을까
수림 속 깊이 찾아 들어갔더니

틈 잘 타는 햇발 나뭇잎을 새어
앉을 곳을 쪽박벌레(甲蟲) 등같이
아룽아룽 흔들리는 무늬(紋) 놓아

그대의 마음 내 마음 함께 아루룽거려
열없어 보려던 책 보지도 못하고
뱀몸(蛇)같은 나무에 기대 있었지

—「엇던날」 전문

1연은 두 사람이 숲속에 간 사정을 설명한다. "찌는 듯 더웁던 날 그대와 나"는 더위를 피해 함께 시간을 보낼 곳으로 숲을 선택한다. 아무리 숲이 깊어도 "틈 잘 타는 햇발 나뭇잎을 새어" 비추듯 "나"의 감정은 "책이나 한 장 읽을까" 하는 마음을 뚫고 들어와 흔들린다. "나"의 흔들리는 마음이라는 쉽게 표현하기 어려운 심리적 현상은 "아룽아룽 흔들리는 무늬"(자연 현상)에 대한 감각을 통해 형상화된다. 중요한 것은 "그대의 마음 내 마음 함께" "아루룽거린다"는 사실이다. 흔들리는 빛의 무늬를 따라 흔들리던 마음은 이제 점점 커져 "울부짖"는 것처럼 느껴진다. "그대"에 대한 마음이 걷잡을 수 없는 욕망으로 커져 가자 "나"는 '겸연쩍고 부끄러워'(열없어) 책을 보지 못한다. 사실 책을 읽으려고 숲에 간다고 말하지만 "손목 맞잡고 책이나 한 장 읽"는 것은 애초부터 불가능한 일이다. "찌는 듯 더웁던" 것은 단지 날씨뿐만이 아니라 두 사람의 마음도 그러하기 때문이다. 중요한 것은 두 사람의 "찌는 듯 더웁던" 마음이라기보다는 그들의 마음이 "아룽아룽 흔들리는 무늬"에 대한 감각을 통해 인식될 계기를 얻는다는 사실이다. "아룽아룽"과 "아루룽"이 만들어내는 시각적, 청각적 효과와 무늬와 마음의 흔들림이 만들어내는 욕망의 울부짖음은 "나"의 감각과 이성과 정서를 마비시켜 책을 읽지 못하게 한다. 그러나 "나"는 "그대" 앞에서, 그리고 "그대"는 "나"의 앞에서 그 흔들리는 마음과 욕망을 드러낼 수는 없다. 따라서 "나"는 안은 욕망으로 뜨겁게 들끓지만 밖은 냉정을 유지해야 하는 "뱀몸같은 나무에 기대"고 있을 수밖에 없다. "뱀몸같은 나무"는 안은 뜨겁고 밖은 차가운 "나"의 몸과 다르지 않다. 자연 현상과 심리적 현상은 섬세한 감각에 의해 같은 이미지로 형상화되는 것이다.

자연 현상(빛)이 만들어낸 무늬에 대한 감각 속에서 주체는 심리적으로 흔들리는 현상을 인식하지만 침착함을 유지하려고 한다. 그러나 햇빛이 우거진 숲의 나뭇잎을 뚫고 내려와 무늬를 만들어 내듯 "그대"에 대한 "나"의 욕망은 억누르려는 마음을 뚫고 나와 "뱀몸" 같은 무늬를 만들어 낸다. 변영로는 이 시를 통해 자연 현상에 대한 감각을 통해 촉발되어 외부로 드러나고, 또 증폭되는 주체의 내면을 자연 현상에 따라 변화하는 심리적 현상의 감각적 묘사를 통해 표현했다. 감각적 인식과 이에 대한 언어적 표현을 통해 자기 인식에 도달한다는 점에서 변영로 시의 주체는 근대 주체라고 할 수 있다.

4. '민족정신'에서 '근대적 감각'의 시인으로

변영로의 시는 「논개」가 대표작으로 거론되면서 '기교'를 통한 '관념'의 언어적 형상화라는 긍정적 평가를 받아왔다. 그러나 이러한 평가는 오히려 관념이나 정서의 추상적 표출이라는 1920년대 시단의 한계 속에 변영로를 가두는 결과를 초래했다. 변영로는 '님'이라는 부재의 대상을 절대적인 '관념'으로 형상함으로

써 피식민지인으로서의 역사 인식을 드러내는 동시에 '현상'을 감각적 체험의 구체성을 통해 형상화함으로써 시인으로서의 미적 실천을 수행했다. 따라서 변영로 시의 주체는 역사적 주체와 미적 주체로서의 자기 인식을 동시에 수행한 근대 주체라고 할 수 있다. '관념'(님)과 함께 '현상'을 감각적으로 형상화했다는 점에서 변영로 시에 대한 평가와 1920년대 시단에서 그의 시가 차지하는 위상은 분명 재정립될 필요가 있다.

빨랫줄 저편
제20회 수주문학상 기념 수상 작품집

초판 1쇄 발행 · 2018년 10월 25일

지은이 · 장정욱 외
엮은이 · 재단법인 부천문화재단 · 수주문학제 운영위원회
펴낸이 · 황규관

펴낸곳 · 도서출판 삶창
출판등록 · 2010년 11월 30일 제2010-000168호
주소 · 04149 서울시 마포구 대흥로 84-6, 302호
전화 · 02-848-3097
팩스 · 02-848-3094
홈페이지 · www.samchang.or.kr

종이 · 대현지류
인쇄제책 · 스크린그래픽

ISBN 978-89-6655-100-2 03810